Dynamo Dresden

Ein Fußballklub stellt sich vor

Erarbeitet
von
Andreas Baingo
Herbert Heidrich
Rainer Nachtigall

Sportverlag Berlin

ISBN 3-328-00180-8

© Sportverlag Berlin
Erste Auflage
Lizenznummer: 140 355/23/88
9005
Lektor: Michael Dingel
Gestaltung: Dieter Hain
Einband: Siegmar Förster
Einbandfotos: Klaus Schlage
Fotos: Johannes Berndt 1; Thomas Härtrich 1;
Christoph Höhne 3; Herbert Kronfeld 1; Frank
Kruczynski 6; Klaus Schlage 9; Rainer Schulz 1;
Eberhard Thonfeld 3; Karl Wagner 1
Printed in the German Democratic Republic
Gesamtherstellung: INTERDRUCK Graphischer
Großbetrieb Leipzig, Betrieb der ausgezeichneten
Qualitätsarbeit, III/18/97
Redaktionsschluß: 30. 6. 1987
6716821

00850

Inhaltsverzeichnis

Der Sport prägt mit das Ansehen unserer Stadt	6
Eine Stadt und ein Bezirk stellen sich vor	7
Fachleute im Dienste des Klubs — die Leitung	10
Die Geschichte des Klubs	12
Die Schwarz-Gelben im Dreß der Auswahl	14
Prominente vorgestellt	20
Titelgewinne im halben Dutzend	24
Das doppelte Doppel	31
Der Traum vom Halbfinale	50
Nachwuchspflege im Klub	58
Bevor der „Kreisel" in Schwung ist	61
Namen und Zahlen	63

Der Sport prägt mit das Ansehen unserer Stadt

Die Deutsche Demokratische Republik wird in der Welt nicht nur ihrer großen ökonomischen Erfolge wegen geachtet. Im gleichen Maße auch auf Grund der hervorragenden Ergebnisse ihrer Spitzensportler und der nie nachlassenden Aufmerksamkeit, die die Partei- und Staatsführung der Körperkultur und dem Sport zuwenden, um sie zu einem echten Lebensbedürfnis eines jeden einzelnen werden zu lassen. Davon zeugen in unserer Stadt sowohl die Leistungen der Ruderer, Eisschnelläufer und Leichtathleten — um nur einige zu nennen — als auch die 150 000 Bürger, die regelmäßig in einer der Turn- und Sporthallen der Elbestadt bzw. auf dem „Sportplatz Natur" ihrer Freizeitbeschäftigung nachgehen. Die SG Dynamo Dresden, eine der führenden Sportgemeinschaften unserer Stadt, hat ihre Erziehungsarbeit und die sportpraktische Ausbildung der Mitglieder der Sektionen immer mit dieser Aufgabenstellung verbunden. Die Ergebnisse drücken sich in der wachsenden Zahl von Auswahlkadern für die Nationalmannschaften und in den Erfolgen der Mannschaftskollektive, vor allem im Nachwuchsbereich, aus. In jedem Spieljahr steht vor den Funktionären und Trainern der SG Dynamo die Aufgabe, nicht nur junge Fußballer zu sozialistischen Persönlichkeiten zu erziehen, sondern mit dem Oberligakollektiv den Dresdenern und ihren Freunden aus nah und fern wieder einen attraktiven, gutklassigen Fußball zu bieten. Die große Begeisterung, die Dresdens Fußballanhang seiner Dynamo-Elf entgegenbringt, deren Leistungen viele internationale Mannschaften und Gäste in die Elbestadt führten, sollte der Mannschaft und ihrem Trainer erneute Verpflichtung sein, auch künftig allen Trainingsfleiß und das spielerische Können darauf zu richten, dem guten Ruf des Dresdener Fußballs neue Impulse zu verleihen. Der Rat der Stadt Dresden wird entsprechend seinen Möglichkeiten der SG Dynamo allseitige Unterstützung gewähren.

Wolfgang Berghofer
Oberbürgermeister

Eine Stadt und ein Bezirk stellen sich vor

Der Bezirk Dresden bedeckt sechs Prozent des DDR-Territoriums (Platz 10 unter den Bezirken) und zählt etwa 1,8 Millionen Einwohner, das sind 11 Prozent der Bevölkerung unserer Republik. Als drittgrößter Industriebezirk liefert er 18,2 Prozent aller Erzeugnisse der Elektrotechnik/Elektronik, 15,5 Prozent der Textilindustrie, 14,5 Prozent der Leichtindustrie und 12,6 Prozent der Metallurgie der DDR. Alle Stahlrohre, Doppelstockzüge, Mähdrescher und Spiegelreflexkameras zum Beispiel werden im Bezirk Dresden gefertigt. Zwischen dem X. und dem XI. Parteitag der SED stieg die industrielle Warenproduktion des Bezirkes um 25 Prozent. Bei elektronischen Bausteinen und Halbleiterbauelementen wurde eine Steigerung auf das 12,4fache und bei Robotertechnik auf das 11,4fache erreicht. Über 300 Forschungseinrichtungen, neun Hoch- und 25 Fachschulen — darunter die Technische Universität Dresden, die mit 70 Partnern kooperiert — tragen zur Beschleunigung des wissenschaftlich-technischen Fortschritts bei. Auch die Landwirtschaft spielt im Bezirk eine wichtige Rolle: Von 6,7 Prozent der landwirtschaftlichen Nutzfläche kommen etwa zehn Prozent der Erträge der Republik.

Seit 1981 wurden im Bezirk Dresden 59004 Wohnungen neu gebaut und 39110 modernisiert. Damit verbesserten sich für 300000 Bürger des Bezirkes die Wohnverhältnisse — das entspricht der Gesamteinwohnerzahl der Kreise Meißen, Kamenz und Pirna. In Gorbitz, einem neuen Wohngebiet am Westhang Dresdens, für das 1981 der Grundstein gelegt wurde, leben inzwischen fast 35000 Dresdner.

Mit Urlaubszielen zwischen dem Kahleberg und der Lausche ist der Bezirk Dresden — etwa ein Drittel seines Territoriums ist zu Landschafts- oder Naturschutzgebieten erklärt worden — das zweitgrößte Urlauberzentrum der Republik. In den Gewerkschafts- und Betriebsferienheimen stehen 27400 Plätze bereit, 31 Jugendherbergen und zwei Jugendtouristhotels verfügen über rund 2500 Plätze. Den Urlaubern und Touristen stehen über 9000 Kilometer gut markierte Wanderwege zur Verfügung, allein in der Sächsischen Schweiz 2000 Kilometer, die über Sandsteingipfel und durch romantische Schluchten und Täler führen. 3000 km Wasserläufe durchziehen das Territorium, die Eisenbahn verkehrt auf 1200 km, und die „Weiße Flotte" befährt 100 km auf der Elbe. Erwähnenswert ist, daß das neue Staubecken Quitzdorf die Kreisstadt Niesky zur „Seestadt" werden ließ. Dafür sorgt der VEB Binnenfischerei Kreba. Ende 1985 wurde der letzte von 35 Teichen einer neuen Anlage für Satzfische übergeben. Nunmehr verfügen die Binnenfischer im Nieskyer Gebiet über rund 300 Teiche mit einer Fläche von 1600 Hektar. Sie liefern künftig im Jahr etwa 1500 Tonnen Speisefisch, 250 Tonnen Mastenten sowie Räucherfisch und Karpfen in Aspik.

Auch für Begegnungen mit Gestern für Heute und Morgen bietet der Bezirk Dresden beste Voraussetzungen. Über 100 Museen aller Wissensgebiete machen den Bezirk zum museumsreichsten des Landes. In der Elbmetropole selbst ziehen täglich die Gemälde alter und neuer Meister, Kleinodien aus mehreren Jahrhunderten, Zeitzeugnisse der Verkehrsgeschichte, die „Gläserne Frau" und kunstvoll gestaltetes Porzellan Gäste aus nah und fern an. Nicht minder hohe Gunst genießen das Armeemuseum der DDR, das Karl-May-Museum in Radebeul und viele andere Sammlungen in der näheren Umgebung Dresdens. Auch der Sport schließlich spielt im Bezirk Dresden eine bedeutende Rolle. In drei Zentren ist der Leistungssport konzentriert: bei Dynamo Zinnwald der Biathlon — die Biathleten um Frank-Peter Roetsch sorgten schon wiederholt für Titel und Medaillen bei Weltmeisterschaften und Olympischen Spielen – und neuerdings auch der Rennschlitten- und Bobsport, bei Dynamo Dresden der Fußball mit je sechs Meistertiteln und Pokalsiegen (mit Stahl Riesa und Fortschritt Bischofswerda 86/87 gab es zwei weitere Oberligamannschaften) und beim SC Einheit Dresden mit einer Vielzahl olympischer Sportarten. Die Sportlerinnen und Sportler dieses Klubs errangen allein zwischen 1980 und 1985 27 Goldmedaillen bei Welt- und sechs Goldmedaillen bei Europameisterschaften.

Politisches, gesellschaftliches, ökonomisches, kulturelles und auch sportliches Zentrum des Bezirkes ist natürlich die Stadt Dresden selbst mit ihren über 530 000 Einwohnern. Die Leistungsentwicklung der Dresdener Industriebetriebe weist seit 1980 eine Steigerung um 28 Prozent aus. Ein überdurchschnittliches Wachstum war dabei für die Bereiche Elektrotechnik/Elektronik/Gerätebau (um 59 Prozent) und Maschinenbau (um 34 Prozent) zu verzeichnen. Zwischen dem X. und XI. Parteitag der SED wurden in der Elbmetropole 23 387 Wohnungen neu gebaut, 1 355 rekonstruiert, 577 um- und ausgebaut sowie 10 298 Wohnungen modernisiert und 30 555 instand gesetzt. Damit fanden über 100 000 Bürger Dresdens ein schöneres Zuhause. Im gleichen Zeitraum entstanden auch weitere gesellschaftliche Einrichtungen, darunter 427 Unterrichtsräume, 18 Sporthallen und 1 059 Plätze in neuen Gaststätten und Cafés.

Enorme Bedeutung für die Ausbildung der Kader entsprechend den Anforderungen der neunziger Jahre haben die Universitäten, Hoch- und Fachschulen der Stadt. An der Technischen Universität sowie an 16 Hoch- und Fachschulen werden 33 739 Studenten, darunter 18 108 Frauen, in naturwissenschaftlichen, technischen, ökonomischen, medizinischen, künstlerischen und pädagogischen Berufen ausgebildet. Seit dem X. Parteitag der SED verließen etwa 35 000 hochqualifizierte Kader die Dresdener Bildungsstätten. Auf dieses Wissenschaftspotential und die vielen historischen Schauplätze und kulturellen Einrichtungen ist zurückzuführen, daß Dresden als Stadt internationaler und nationaler Kongresse, Tagungen und Symposien bekannt geworden ist. Zwischen 1981 und 1985 fanden hier 1 113 Tagungen und Kongresse mit 428 909 Teilnehmern statt. Zu traditionellen kulturellen Veranstaltungen wie den Dresdener Musikfestspielen, dem Dixieland-Festival und dem Schlagerfestival gesellten sich auch der UEFA-Kongreß, die UNESCO- und ECE-Tagung 1982, der ICOMOS und der UNIMA-Kongreß mit Generalversammlung 1984 sowie der Radiologen-Kongreß 1985. Als Stadt des Tourismus kann Dresden über Reisebüro, Jugendtourist, Dresden-Information und Feriendienst des FDGB jährlich rund sechs Millionen Gäste begrüßen. Veranstaltungen wie der „Dresdner Blumensommer" (150 000 Besucher) und der „Dresdner Sommer" (170 000 Besucher) erfreuten sich dabei besonderer Beliebtheit.

Was wäre ein Porträt dieser Stadt, ohne auf ihre weltbekannten Kunstschätze hinzuweisen? Zum Beispiel auf die teils einmaligen Kunstsammlungen des Zwingers. Seit seiner Neueröffnung 1956 haben etwa 60 Millionen Besucher die Schätze der Kunstsammlungen im Semperbau des Zwingers besucht. Die Galerie Alter Meister und das Grüne Gewölbe ziehen dabei die meisten Besucher aus dem In- und Ausland an. Annähernd eine Million Gäste fanden allein im Jahre 1985 den Weg in Konzerte der Dresdener Staatskapelle und Philharmonie sowie zu Musiktheateraufführungen. Überstrahlt aber wird das Dresdener Kunst- und Kulturleben von der wieder in alter und neuer Schönheit aufgebauten Semperoper. Seit ihrer Wiedereröffnung am 13. Februar 1985 sahen mehr als 350 000 Dresdener und Gäste aus vielen Ländern Opern- und Ballettaufführungen oder gingen ins Konzert. Zehntausende hatten außerdem Gelegenheit, bei Führungen durch die Foyers die Leistungen zu bewundern, die Bauarbeiter, Architekten und Künstler beim Wiederaufbau des Semperschen Meisterwerkes vollbrachten.

Daß Dresden auch eine Stadt des Sports ist, weist allein schon Dynamo Dresden und sein nach Zehntausenden zählender Anhang aus. Er konnte schon oft seiner Elf bei nationalen und internationalen Prüfungen den Rücken stärken und hofft, daß dies auch künftig wieder so sein wird. Auf sechs Olympiasieger 1976 – Dörner, Häfner, Heidler, Riedel, Schade und Weber – kann der Klub verweisen. Erfolgreichste Sportler des SC Einheit Dresden, des sportlichen Leistungszentrums der Stadt und des Bezirkes, sind die Eisschnelläuferinnen um Karin Kania. Sie, Andrea Ehrig und Christa Rothenburger errangen bei den Olympischen Winterspielen 1984 in Sarajevo vier Gold- und vier Silbermedaillen. Karin Kania holte sich im vergangenen Frühjahr in Montreal ihren neunten WM-Titel, und auch die beiden anderen Damen gewannen bei Weltmeisterschaften bereits „Edelmetall". Auch Dirk Richter, der Schwimmweltmeister über 100 m Rücken, sowie Carsta Kühn und Steffi Götzelt, Weltmeisterinnen im Kanurennsport und Rudern, trugen zur guten Bilanz des SC Einheit Dresden und damit zum Ansehen ihrer Stadt bei. Doch nicht nur diese Sportarten zählen zur Spitze. Ulli Melkus und Bernd Kaspar vertreten den Motorrennsport im In- und Ausland, die Orientierungsläufer kommen oft ganz vorn ein, die Faustballer zählen zur ersten Garnitur der DDR – und auch jene Veranstaltungen, die der Stadtfachausschuß des DWBO für Wanderer und Bergsteiger organisiert, erfreuen sich großer Resonanz bei alt und jung.

Fachleute im Dienste des Klubs – die Leitung

Dynamo Dresden, eine traditionsreiche Mannschaft unserer Republik, begann die Oberligasaison 1986/87 mit neuen Leuten an der Spitze. Konkret mit einem neuen Vorsitzenden und einem neuen Trainer jener Mannschaft, die zuvor von den erfahrenen Kurt Kresse und Walter Fritzsch zu nationalen und internationalen Erfolgen geführt und in den vergangenen drei Jahren von Klaus Sammer betreut wurde, der eine Funktion im Nachwuchsbereich des DFV der DDR übernahm.

Vorsitzender der SG Dynamo Dresden ist seit dem 1. August 1986 Alfons Saupe. Am 15. Mai 1941 in Dresden geboren, kann der gelernte Maurer auf eine erfolgreiche gesellschaftliche, politische und sportliche Entwicklung zurückblicken. Er besuchte die Arbeiter- und-Bauern-Fakultät in Freiberg, studierte bis 1970 vier Jahre lang am Institut für Lehrerbildung „Edwin Hoernle" und von 1971 bis 1974 an der Pädagogischen Hochschule „Dr. Theodor Neubauer" in Erfurt-Mühlhausen. Alfons Saupe ist Diplompädagoge und -psychologe, war 1981 beim ersten Verbandstreffen des DWBO der DDR in der Sächsischen Schweiz Leiter des Organisationsbüros und zeichnete in den vergangenen fünf Jahren für den Sport verantwortlich in der Bezirksleitung Dresden der SED.

Viele Jahre lang stand er bei Motor Klotzsche auf der Judomatte, brachte es bis zum braunen Gürtel und wandte sich, vor allem während des Studiums, leichtathletischen Disziplinen wie Lauf und Sprung zu. Er wurde mit der Ehrennadel des DTSB in Gold, der Artur-Becker-Medaille in Gold sowie mehrmals als Aktivist ausgezeichnet. Seit 1968 Mitglied der SED, ist es für Alfons Saupe selbstverständlich, ihm übertragene Aufgaben mit bestem Können und mit ganzem Einsatz zu erfüllen. Seine Aufgabe sieht er nun bei Dynamo Dresden vor allem in der Erziehung der Spieler und Trainer, im Schaffen von optimalen Bedingungen, die die Durchsetzung der hohen Anforderungen in Training und Wettkampf gewährleisten. Diese Anforderungen an jeden Spieler müssen – so Alfons Saupe – von Leitung und Trainern gesteuert und kontrolliert werden; dazu gehören Selbstdisziplin und das persönliche Identifizieren mit dieser Aufgabe.

Trainer des Oberligakollektivs von Dynamo Dresden ist seit dem 30. Juni 1986 Eduard Geyer. Der 42jährige Maschinenbauer (am 7. Oktober 1944 in Bielitz, dem heutigen Bielsko Biala in der VR Polen, geboren) qualifizierte sich zum Ingenieur für Technologie und zum Diplomsportlehrer, sein 12jähriger Sohn Jan wird die Kinder- und Jugendsportschule besuchen und spielt bei Dynamo Fußball. Eduard Geyer, ab 1953 bei Aufbau Dresden-Mitte als Fußballer aktiv, wechselte 1956 zum SC Einheit und gehörte von 1968 bis 1975 zum Oberligakollektiv der SG Dynamo Dresden. Mit ihm wurde er zweimal DDR-Meister und einmal Pokalsieger. Als Trainer der Junioren holte er in der Saison 1975/76 den „Junge Welt"-Pokal, und in den Jahren von 1976 bis 1983 war er Assistenztrainer bei Walter Fritzsch und Gerhard Prautzsch. Seit 1983 trainierte er wieder die Junioren von Dynamo Dresden, gewann in der Meisterschaft je einmal Bronze, Silber und Gold und führte die Mannschaft noch zweimal ins „Junge Welt"-Pokal-Finale, das sie 1985 gewann.

Eduard Geyer, der von Wolfgang Haustein assistiert wird, weiß um seine Verantwortung im Dresdner Fußball und im Fußball der DDR. „Wir wollen wieder international spielen", lautet seine konkrete Zielstellung, und um das zu schaffen, wurde bereits viel getan unter seiner Leitung. Tägliche Gespräche mit den Spielern gehören dazu, auch viele Stunden Theorie, weil auch das Fußballeinmaleins zuerst durch die Köpfe muß. Die Einstellung zu Training und Wettkampf muß stimmen, jeder Spieler muß ein gesundes Selbstbewußtsein haben.

Als Stellvertreter des Vorsitzenden für sportliche Ausbildung fungiert Bernd Kießling. Er wurde am 15. September 1945 in Dresden geboren, ist von Beruf Werkzeugmacher und absolvierte von 1975 bis 1979 an der DHfK Leipzig ein Fernstudium als Diplomsportlehrer. Bei der TSG Blau-Weiß Dresden-Zschachwitz spielte er zwischen 1956 und 1957 Fußball, wechselte dann zum SC Einheit und wurde dort 1961 in der Jugendmannschaft zusammen mit Eduard Geyer FDJ-Pokal-Sieger. 1966 gehörte Bernd Kießling zu Stahl Freital, war von 1968 bis 1974 bei der BSG Wismut Pirna-Copitz aktiv und arbeitete nach Abschluß seiner fußballerischen Laufbahn bei der SDAG Wismut als Schlosser, war dort auch FDJ-Sekretär. In den Jahren von 1976 bis 1979 war Bernd Kießling stellvertretender Vorsitzender der SG Dynamo Zinnwald, einem der Leistungszentren des Biathlons unserer Republik. Seit 1979 gehört er der Leitung der SG Dynamo Dresden an.

Hier ist er verantwortlich für die sportliche Ausbildung der drei Förderstufen, unterstehen ihm alle Trainer. Bernd Kießling trägt die Verantwortung für die Kontrolle des Ausbildungs- und Erziehungsprozesses, die Trainingsgestaltung und das Einhalten der Trainingskennziffern. Belastungsgestaltung, das Einhalten der Rahmen- und der individuellen Trainingspläne gehören ebenfalls zu seinem Aufgabenbereich wie die Trainerweiterbildung. Besonderen Einfluß nimmt er auf die individuelle Entwicklung der Kader für alle Auswahlmannschaften der DDR ab der AK 16, vor allem aber auf jene Spieler, die Dynamo Dresden derzeit für die Nationalmannschaft stellt.

Die Geschichte des Klubs

Am Anfang des traditionsreichen Dresdener Dynamo-Fußballs stand die Oberligamannschaft der SV DVP. Am 3. September genau bestritt sie ihren ersten Punktekampf in unserer höchsten Spielklasse und bestand in der Folgezeit auch erste internationale Bewährungsproben. Im Jahre 1952 wurden zwei Treffen mit der polnischen Armeemannschaft CWKS Warschau bestritten (0:3; 2:1), beim IV. Parlament der FDJ 1952 besiegte die Mannschaft in Leipzig Admira Wien mit 2:1, und im September 1952 errangen die Dresdener Volkspolizisten ihren bis dahin größten Erfolg: Sie wurden FDGB-Pokal-Sieger (Endspiel 3:0 gegen Einheit Pankow) und belegten in der DDR-Fußballmeisterschaft hinter Turbine Halle den zweiten Platz.

Einen sportlich-politischen Qualitätssprung brachte dann am 27. März 1953 die Gründung der Sportvereinigung Dynamo. Sie bildete die Grundlage für eine breite Entfaltung der sozialistischen Körperkultur, des Massensports und des Leistungssports in den Sicherheits- und Schutzorganen der DDR und verpflichtete alle Dynamo-Sportler, nach sportlichen Höchstleistungen zu streben. Dieser Leistungsauftrag stand auch im Mittelpunkt der Gründungsversammlung der Sportgemeinschaft Dynamo Dresden, die am 12. April 1953 im Dresdener Filmtheater „Schauburg" durchgeführt wurde. Sie war der Beginn einer erfolgreichen Entwicklung der sozialistischen Massensportbewegung und des Leistungssports in den Schutz- und Sicherheitsorganen der Stadt Dresden. Die SG Dynamo Dresden umfaßte damals die Sektionen Fußball, Handball und Volleyball, Faustball, Schwimmen, Boxen, Tischtennis, Schach, Radsport, Wassersport, Touristik, Kegeln, Gymnastik und Ringen; bis zum Jahre 1962 kamen noch die Sektionen Ski/Biathlon, Tennis, Bergsteigen/Wandern, Kanu, Leichtathletik, Judo, Motorsport, Gewichtheben sowie Bob/Rennschlittensport hinzu. Zur größten Sektion entwickelte sich der Fußball: die Oberligamannschaft der SG Dynamo wurde im Spieljahr 1952/53 DDR-Meister. Einem Beschluß der Zentralen Leitung der SV Dynamo folgend, wurde die Oberligamannschaft der SG Dynamo Dresden 1954/55 nach Berlin delegiert.

Vor der SG Dynamo Dresden stand nun die Aufgabe, ihrer Verantwortung für die Entwicklung des Sports in Dresden auch weiter gerecht zu werden und ein neues Fußballkollektiv aufzubauen, dessen Zielstellung der Aufstieg zur Oberliga war. Der DFV der DDR stufte das Kollektiv des „Jahrgangs" 1955/56 (Trainer: Kurt Kresse) in die 2. DDR-Liga ein. Unter dem Trainer Helmut Petzold schaffte Dynamo Dresden 1958 den Aufstieg zur 1. Liga. Und nur vier Jahre später gehörte die Elf bereits wieder der Oberliga an! Zwar stieg Dynamo gleich wieder ab, doch nach einer Ligaserie und Platz 1 mit 13 Punkten Vorsprung vor dem SC Einheit Dresden war man wieder „oben", belegte 1965/66 Platz 5 und nahm erstmals am Intercup teil.

Nach einem Beschluß des DTSB-Bundesvorstandes zur Bildung von Fußballklubs in der DDR wurde 1966 die SG Dynamo Dresden gebildet, die ausschließlich für den Fußballsport verantwortlich zeichnete. Das war gewissermaßen die Geburtsstunde der heutigen Dynamo-Mannschaft mit all ihren Erfolgen. Noch blieben Rückschläge nicht aus, noch einmal mußte man in die Liga, doch nach dem Spieljahr 1968/69 war dann der Aufstieg zur Oberliga wieder perfekt.

Am 1. Juli 1969 übernahm Walter Fritzsch das Training der SG Dynamo Dresden, und damit begann eine der erfolgreichsten Zeiten des Dresdener Klubs: im ersten Jahr der dritte Platz und Teilnahme am Messecup, 1970/71 Meistertitel und Pokalgewinn, 1971/72 Platz drei und Einzug in das Pokalfinale. In dieser Zeit entwickelten sich mit Hans-Jürgen Kreische, Hans-Jürgen Dörner, Frank Ganzera,

Frank Richter und Klaus Sammer Kader für die Nationalmannschaft, wurden Kreische, Ganzera, Häfner und Wätzlich für unsere Olympiaauswahl nominiert, die in München die Bronzemedaille gewann. Hans-Jürgen Kreische und Siegmar Wätzlich standen 1974 auch in unserer Fußballauswahl, die an der Weltmeisterschaftsendrunde in der BRD teilnahm. Am Gewinn der Goldmedaille 1976 in Montreal waren Dörner, Häfner, Heidler, Riedel, Schade und Weber beteiligt, und in der DDR-Olympiaauswahl, die 1980 in Moskau Silber gewann, standen mit Bernd Jakubowski und Andreas Trautmann zwei Dresdener Spieler. Auch für den Dresdener Fußballklub selbst gab es weitere Erfolge. Die Dresdener schafften am Ende des Spieljahres 1976/77 das zum zweiten Male, was bislang noch kein anderer Klub unseres Landes auch nur einmal erreichte: das Doppel, den Gewinn des Meistertitels und des FDGB-Pokals. Trainer war noch immer Walter Fritzsch, der mit Dynamo Dresden seine größten Erfolge feiern konnte: fünfmal DDR-Meister, zweimal Pokalsieger mit dem Doppel, 16 Cupspiele der Landesmeister (7 Siege) und 26 UEFA-Cup-Spiele (11 Siege). Unter seiner Leitung stellte Dresden 14 Spieler für die Nationalmannschaft, 11 für UEFA-Turniere und 19 für DDR-Auswahlmannschaften des Nachwuchses.

Die achtziger Jahre begannen für Fußball-Dresden mit der Erweiterung des Dynamo-Stadions (34 000 Stehplätze, 6 500 Sitzplätze), auch mit der zahlenmäßigen Erweiterung der Spiel- und Trainingsstätten (2 Hauptplätze, 3 Rasentrainingsplätze und 2 Traglufthallen).

Trainer des Oberligakollektivs war inzwischen Gerhard Prautzsch geworden. Nach Abschluß der Saison 1980/81 konnte Dynamo Dresden seit dem Wiederaufstieg zur Oberliga 1969 auf insgesamt fünf Meistertitel und drei Pokalsiege, auf einen zweiten sowie vier dritte Plätze in der DDR-Fußballmeisterschaft verweisen. Im Kampf um den FDGB-Pokal gab es auch in den folgenden Jahren die größten Erfolge. Dreimal stand Dynamo Dresden wieder im Finale, dreimal hieß der Gegner BFC Dynamo, und dreimal blieben die Dresdener erfolgreich! In der Meisterschaft gab es dreimal Silber (1981/82, 1983/84 und 1984/85). Mit je sechs Meisterplaketten und sechs FDGB-Pokal-Siegen zählt Dynamo Dresden zweifelsohne zu den erfolgreichsten Mannschaften des DDR-Fußballs. Auch international machte sich Dynamo Dresden einen guten Namen: Im EC I gab es bei 22 Spielen 9 Siege, im EC II bei 14 Spielen 7 und im UEFA-Cup bei 42 Spielen 17 Erfolge. Kapitän Hans-Jürgen Dörner wurde dreimal „Fußballer des Jahres" und gehört nach Joachim Streich als zweiter DDR-Fußballer dem „Klub der Hunderter" an. Mit Matthias Döschner, Jörg Stübner, Ralf Minge und Ulf Kirsten stellt Dynamo vier Stammspieler für unsere Auswahl; eine Vielzahl weiterer Dresdener steht in Nachwuchsauswahlmannschaften der Republik.

Vom Spieljahr 1983/84 bis zur Saison 1985/86 betreute das Trainergespann Sammer/Riedel die Oberligamannschaft von Dynamo Dresden; seitdem lenkt Trainer Eduard Geyer ihre Geschicke. Fußball-Dresden hofft natürlich auch künftig auf Dynamo-Erfolge.

Die Schwarz-Gelben im Dreß der Auswahl

Im Februar 1968 folgt die Nationalmannschaft der DDR einer Einladung aus Chile. „Octogonal" heißt das Turnier, weil acht Vertretungen daran teilnehmen werden: die Spitzenmannschaften des Gastgeberlandes, dazu die berühmteste brasilianische Vertretung dieser Jahre – FC Santos. Pele ist dabei, der bei der WM in England schon im ersten Spiel verletzt wurde, nun aber wieder in bestechender Form ist und zwei Jahre später die brasilianische Auswahl in Mexiko zum dritten Weltmeistertitel führen wird. Aus Europa sind Vasas Budapest und die Nationalmannschaft der ČSSR angereist, in der solche Könner wie Geleta, Kvasnak, Pivarnik und Viktor stehen. Und in ebendieser Begegnung mit der ČSSR-Auswahl trägt nach 14 Jahren wieder ein junger Mann aus der Elbestadt Dresden den Dreß der Auswahl. Hans-Jürgen Kreische, den die Fußballfreunde der Stadt später nur „Hansi" rufen werden, ist 20 Jahre alt, und er kommt gleich bei seinem ersten Einsatz zu Torschützenehren. Irmscher erzielt gegen die technisch überaus beschlagenen Fußballer der ČSSR den Führungstreffer, und in der 25. Minute gelingt Kreische das 2:0 – Endstand: 2:2.

Der Weg Hans-Jürgen Kreisches in die Nationalmannschaft ist im Grunde lange vorgezeichnet. Der junge Mann hatte sein Talent bereits im Nachwuchsbereich nicht nur angedeutet. Als 1965 das UEFA-Turnier für Junioren in der BRD stattfindet, gelingt unserer Elf der kaum erwartete Turniersieg. Hansi Kreische zählt zu denen, die nur wenig später den Durchbruch in die Auswahl schaffen.

Rückblende

Um seine Vorgänger kennenzulernen, muß man einen Sprung in das Jahr 1950 machen. Am 3. September dieses Jahres bestreitet die eben erst gegründete „VP-Elf" aus Dresden ihr erstes Punktspiel in der Oberliga – Lok Stendal wird auswärts mit 2:0 geschlagen. Vierter werden die Dresdener in ihrem ersten Jahr der Oberligazugehörigkeit. Aber Spieler wie Torhüter Heinz Klemm, der große Kämpfer Herbert Schoen, der Techniker Günter Schröter, den alle „Moppel" nennen, geben sich damit nicht zufrieden, wollen mehr. Und in der Tat – die Mannschaft profiliert sich weiter, in der Saison 51/52 wird nicht nur der Vizemeister erobert, sondern auch der FDGB-Pokal gewonnen. Ein Jahr später sind die Dresdener sogar Meister. Logisch, daß unsere Trainer, die für die Vorbereitungen von Auswahlmannschaften auf erste internationale Vergleiche zuständig sind, nicht an den VP-Spielern vorübergehen können. Heinz Klemm, Herbert Schoen und Günter Schröter beispielsweise spielen in der Elf, die als Auswahlmannschaft der DDR der berühmten Dynamo-Vertretung aus Moskau mit 1:5 unterliegt. Aber das Ergebnis dieses Spiels ist in diesem Fall wirklich zweitrangig. Gilt es doch, erste Fäden der brüderlichen Beziehungen zu unseren sowjetischen Sportfreunden zu knüpfen.

Die Leistungen der Dresdener in Meisterschafts- und Pokalspielen überzeugen auch Trainer Alfred Kunze, der damit betraut wurde, eine Auswahl für das erste Länderspiel – gegen Polens Elf – zu formieren. 0:3 heißt es da beim Abpfiff. Damit ist der erste offizielle Kontakt mit dem Fußball in unserem Nachbarland hergestellt. „Klank, Scherbaum, Schoen und Eilitz waren die Stützen", so ist in einem Spielbericht über diese Begegnung nachzulesen. Aus Dresden waren noch Schröter und Hannes Matzen, der schnelle, technisch sichere Flügelstürmer, im Aufgebot der DDR-Elf. Nach deren Delegierung in die Hauptstadt bleibt die Sektion Fußball der SG Dynamo Dresden weiter bestehen. Aber es ist ein weiter Weg bis zu dem Tag, an dem mit Hansi Kreische endlich wieder ein Dresdener das Trikot der Auswahl überstreift.

Wechselwirkung

Zwischen dem Erfolg einer Klubmannschaft und der Zahl ihrer Spieler in der Auswahl gibt es einen unübersehbaren Zusammenhang. Und nach ihrem Wiederaufstieg in die Oberliga 1969 geht es mit den Dresdenern unter der Regie von Trainer Walter Fritzsch steil bergan. Bereits in der folgenden Saison belegt der Neuling einen beachtlichen dritten Rang im Titelkampf, eine Saison später kann er sich selbst mit der Krone schmücken. Nach fast zwanzig Jahren hat das fußballbegeisterte Dresden wieder einen Meister. Die Auswirkungen im Hinblick auf die Auswahl sind nicht zu übersehen. Frank Ganzera hat sein Debüt bereits 1969 im fernen Irak, Klaus Sammer feiert ein Jahr später gegen die Niederlande Premiere, Reinhard Häfner, im Sommer 1971 von Erfurt zu den Schwarz-Gelben gestoßen, Hans-Jürgen Dörner, Frank Richter – sie alle drängen sich mit überzeugenden Punktspielleistungen in das Gesichtsfeld des Auswahltrainers. Dortselbst ist es nicht immer leicht, zu bestehen. Aber als Nationaltrainer Georg Buschner schließlich seine Equipe für das olympische Fußballturnier von München 1972 beruft, sind nicht weniger als vier Akteure der Dynamo-Mannschaft dabei: Hans-Jürgen Kreische, Frank Ganzera, Reinhard Häfner und ein junger Mann namens Siegmar Wätzlich, der sich mit seiner schneidigen Art zu spielen nicht nur einen Stammplatz in der Meistermannschaft der Dresdener gesichert hat, sondern auch Buschner imponiert. Unsere Olympiavertretung ist beim Turnier '72 in eine Gruppe mit Polen, Kolumbien und Ghana ausgelost worden. Gegen die „Black Stars", die Supertechniker vom „schwarzen Kontinent", startet unsere Elf mit einem 4:0-Sieg. Kreische ist in diesem Spiel als zweifacher Torschütze herausragend.

„Wir sind hier angetreten, um auch den Fußball unseres Landes mit seiner Leistungsstärke zu repräsentieren", macht sich Torsteher Jürgen Croy zum Sprecher seiner Mannschaft. Vorerst aber sieht es gar nicht nach einem Medaillengewinn aus. Gegen die routinierten, angriffsstarken Polen zieht unsere Truppe mit 1:2 den kürzeren, kommt aber in die nächste Runde, nachdem Kolumbien mit 6:1 klar in die Schranken gewiesen wird. Entschieden im Kampf um das Edelmetall aber ist vorerst noch gar nichts, zumal in der ersten Partie der zweiten Runde nichts zusammenlaufen will. Bei ihrem 2:0-Sieg gegen uns sind die Magyaren die klar bessere Mannschaft. Unser anschließender klarer Erfolg gegen die Mexikaner ist eingeplant und fällt mit 7:0 auch entsprechend aus. Reinhard Häfner kommt in dieser Begegnung für den Magdeburger Seguin erstmals im Turnierverlauf zum Einsatz, und er bedankt sich prompt mit einem Treffer.

Das Schlüsselspiel aber ist schließlich die Partie mit der Mannschaft des Gastgebers. Klar dominierend unsere Elf nicht nur in der ersten halben Stunde. Aber scheinbar sichere Positionen nach glänzend herausgespielten Treffern werden durch Leichtfertigkeiten in der Deckung immer wieder aufs Spiel gesetzt. Am Ende aber reicht es im Münchner Olympiastadion zu einem 3:2-Erfolg, zum Einzug in das „kleine Finale", in dem die Bronzemedaille ausgespielt wird. Kontrahent ist dort niemand anderes als die sowjetische Vertretung. Und die Blochin und Co. ziehen vom Leder, daß es unserer Mannschaft regelrecht schwindlig wird. Mit fortschreitender Spielzeit aber stellen wir uns immer besser auf die überraschenden Attacken unseres Kontrahenten ein, setzen die sowjetische Abwehr unter Druck. – Strafstoß in der 35. Minute! Kreische behält die Nerven, schießt zum 1:2 ein. Und schließlich kanoniert der Jenaer Eberhard Vogel das Leder aus gut 30 Metern in die Maschen. Endstand 2:2, auch in der Verlängerung ändert sich nichts mehr: Bronzemedaille für die DDR!

Zum Erfolg unserer Olympiateilnehmer in München haben auch die Fußballer ihren Teil beigetragen.

Keine Ruhe vor dem Sturm

Der Fußball kennt kaum Verschnaufpausen. Ein Wettkampf von Rang jagt den anderen, der zweijährige Wechsel von EM- und WM-

Qualifikationen, dazu eine Fülle von EC- und Meisterschaftsspielen: Konzentration ist gefragt, um die ins Auge gefaßten Ziele zu erreichen. Zwei Jahre nach München ist die BRD erneut Austragungsland eines sportlichen Großereignisses — die Fußball-WM findet in den Stadien zwischen Hamburg und München statt. Die DDR hat in diesen Jahren eine so gute Mannschaft beieinander wie später kaum mehr. In der Qualifikation selbst — Rumänien, Albanien und Island sind hier unsere Gegner — spitzt sich alles auf die entscheidende Partie zwischen der DDR-Auswahl und den rumänischen Gästen am 26. September 1973 in Leipzig zu. Ein Aufstöhnen geht durch das Stadion, als die 59. Minute angebrochen ist: Kreische hat sich mit energischem Antritt von seinem Gegner gelöst, strebt allein dem rumänischen Tor zu. Der Gästetorsteher Raducanu fliegt ihm mit gestrecktem Bein entgegen — schwer verletzt muß der Dresdener vom Platz getragen werden. Aber seine Schmerzen sind für einen Augenblick vergessen, als die Truppe in die Kabine des Zentralstadions gestürmt kommt, in der Hansi Kreische liegt. „Wir haben es geschafft!" sind die ersten Worte, die der „Lange", Klaus Sammer, seinem Freund zuruft. Der Abschluß der Qualifikation in Albanien ist am Ende nur noch eine Formsache.

Vorbereitung wie im Rausch

Hat jemals eine DDR-Auswahl stärker gespielt als jene, die sich auf das WM-Turnier von 1974 vorbereitet? Dies muß eine rhetorische Frage bleiben. Die Fakten aber sprechen für sich. Im Januar '74 lost die FIFA die Vorrundengegner für unsere Elf aus: Chile, Australien und die BRD. Mit einer Zielstrebigkeit wie selten zuvor nehmen unsere Männer alle Vorbereitungsaufgaben ins Visier. Anfang März startet die Buschner-Elf zu einer Blitztournee nach Nordafrika, bei der Wätzlich und Dörner mit von der Partie sind. 4:0 gegen Tunesien, 3:1 gegen Algerien lauten die Resultate.

In zwölf Spielen in Reihenfolge geht sie in diesen Monaten als Sieger vom Platz. Dies sind die letzten Kontrahenten vor dem Endrundenturnier: Am 13. März wird Belgien in Berlin mit 1:0 geschlagen, 14 Tage später ist Dresden Austragungsort der Partie mit der ČSSR, und erneut ist ein Dresdener Debütant im Spiel. Dieter Riedel, aus Gröditz stammend, erhält mit 26 Jahren seine erste Chance. Ende Mai wird Norwegen trotz mäßigen Spiels in Rostock bezwungen, und schließlich geht die Siegesserie unserer Mannschaft mit einem 1:1 gegen England zu Ende. Aber in welch einem Spiel! 100 000 erleben im Leipziger Zentralstadion die Generalprobe unserer Auswahl für das Endrundenturnier gegen das nicht qualifizierte England. Im Sturmlauf der Gastgeber spielt ein Mann die erste Geige — Mittelstürmer Streich, der die englische Abwehr mit einer Weltklasseleistung aus den Fugen hebt, selbstverständlich „unseren Treffer" erzielt. In der Einzelkritik aber erhalten auch die beiden Dresdener Wätzlich und Kreische gute Noten. Die „fuwo", die Fachzeitschrift des DFV, stellt nach diesem Spiel schließlich fest: „Wätzlich ist eindeutig die Nummer 1 auf der Position des linken Verteidigers."

Hic Rhodos, hic salta

Ein Wort der alten Griechen. Frei übersetzt: Hier ist Rhodos, hier tanze. Und unsere Auswahl ist endlich, endlich einmal bei einem WM-Endrundenturnier. Gelegenheit nachzuweisen, daß auch im Fußball der Durchbruch geschafft ist. Die Qualifikation, die erwähnte Siegesserie der Auswahl in Vorbereitung auf das Turnier, der Gewinn des Europapokals durch den 1. FC Magdeburg im Pokal der Pokalsieger im Mai '74 gegen die renommierte Profitruppe des AC Mailand in Rotterdam, die Landesmeisterschaft, in der sich die Spitze spürbar verbreiterte — trotz einer hervorragenden zweiten Halbserie wird Dynamo nur Dritter —, dies alles bestärkt die Fachleute in unserem Land in der Auffassung, endlich zur gehobenen europäischen Mittelklasse zu gehören. Die Nagelprobe muß bei der Endrunde selbst geliefert werden. Wätzlich und Kreische bestehen schließlich in der harten Konkurrenz gegen die Akteure aus Magdeburg und Jena, treten die Reise nach Hamburg-Quickborn mit an ...

Auswahltrainer Georg Buschner hat in diesen Tagen wirklich die Qual der Wahl. Er muß sich für 22 Spieler entscheiden. Hans-Jürgen Dörner ist nicht in Topform, weil er mit der

Nachwirkungen einer Krankheit zu kämpfen hat.

Die WM. Erster Kontrahent in der Vorrunde ist mit Australien ein krasser Außenseiter im Hamburger Volksparkstadion. Unsere Vertretung kommt mit dem unkonventionellen Stil der Australier zwar nicht besonders gut zurecht, setzt sich am Ende aber verdientermaßen mit 2:0 durch. 1:1 endet die zweite Begegnung mit Chile, und schließlich trifft die DDR, erneut in Hamburg, auf die Elf des Gastgebers. Mit einer Taktik, die alle Möglichkeiten der Spieler bis ins kleinste Detail erfaßt, die „paßte wie ein Maßanzug", wird der hohe Favorit in die Schranken verwiesen – 1:0. Der Magdeburger Sparwasser schießt das alles entscheidende Tor. Aber Siegmar Wätzlich, der gegen Grabowski zu spielen hat, erhält hinterher glänzende Kritiken, weil er den unberechenbaren Flügelstürmer völlig beherrschte, und auch Hans-Jürgen Kreische kann zufrieden sein. „Der Fußballer des Jahres ist spätestens nach diesem Spiel wieder im Kommen", ist in der „fuwo" zu lesen.

In der Zwischenrunde sind dann Brasilien, die Niederlande und Argentinien unsere Kontrahenten. Die DDR-Elf bringt den dreifachen Weltmeister völlig aus dem Rhythmus, läßt die technisch hochbegabten Ballkünstler um Rivelino „alt" aussehen, versäumt es aber, ihre Potenzen auch in der Offensive einzusetzen. Das Tor zum 1:0 sorgte später allerdings noch für viel Gesprächsstoff. Bei einem Freistoß für die Brasilianer hatte sich Jairzinho in die DDR-Mauer gedrängelt. Genau dorthin zielte der schnauzbärtige Rivelino. Der Brasilianer trat heraus, in der Mauer blieb eine Lücke, und durch sie flitzte der Ball, für Croy unerreichbar ... Gegen den späteren Vizeweltmeister Niederlande hat die DDR keine reelle Chance, die gleichermaßen kraftvoll und technisch gekonnt spielenden Männer um den Ausnahmefußballer Cruyff gewinnen verdientermaßen mit 2:0. Das Remis gegen Argentinien sicherte unserer Elf einen vielbeachteten sechsten Rang.

Dresdener Achse gibt den Halt

Als sich im Sommer 1976 die Jugend der Welt anschickt, ihre Kräfte bei Olympia, dem Fest des Friedens und des Sports, zu messen, sind die Fußballer der DDR dabei, die sich in schwierigen Qualifikationsspielen durchgesetzt haben. In Babelsberg, der Fußballhochburg mit der großen Tradition, findet anläßlich der Stadioneinweihung die Verabschiedung unserer Männer statt. Das Gros der Mannschaft wird diesmal von der SG Dynamo Dresden gestellt. Libero Hans-Jürgen Dörner ist dabei, die Mittelfeldspieler Reinhard Häfner, Gerd Weber und Hartmut Schade, dazu die beiden Angreifer Dieter Riedel und Gert Heidler. Sechs von 17! Das ist schon beeindruckend. Aber die Schwarz-Gelben hatten ja auch kurz zuvor mit Glanz und Gloria die Meisterschaft mit dem komfortablen Vorsprung von sechs Punkten auf den BFC Dynamo gewonnen, dabei die meisten Treffer erzielt und die wenigsten erhalten. Buschner stützt sich nur auf Realitäten, wenn er eben fünf Dresdener quasi als Korsett in seine Olympiamannschaft einzieht.

Der Auftakt wenig überzeugend

Im Varsity Stadion von Toronto, 575 Kilometer westlich von Montreal gelegen, bestreitet unsere Mannschaft den Auftakt zum olympischen Turnier, und man muß es ohne Umschweife eingestehen – er verläuft nicht gerade berauschend. Ganz ohne Zweifel spielt dabei die in diesem Maße nicht erwartete Gegenwehr der Brasilianer eine gewichtige Rolle. Seinerzeit im Grunde alles „junge Dachse", werden sie sich wenige Jahre später einen Namen in der ganzen Welt machen: Torsteher Carlos, die Außenverteidiger Edinho und Junior, Batista und Marinho – zum Teil noch bei der Weltmeisterschaft 1986 in Mexiko mit im Aufgebot des dreifachen Weltmeisters. Die Dresdener Dörner, Häfner, Heidler sind von Anbeginn dabei, später wird Riedel für den BFC-Angreifer Riediger eingewechselt – am Ende ist unsere Mannschaft froh, daß sie ein torloses Remis erreicht.

Zweiter Kontrahent in diesem Turnier ist im Montrealer Olympiastadion Spanien. Trainer Ladislao Kubala hat eine Truppe an den Start gebracht, die mit 21 Jahren ein ausgesprochen niedriges Durchschnittsalter vorweist. Wieder stehen vier Dresdener (Dörner, Weber, Heidler und Häfner) von Anbeginn in unserer Mannschaft, die indes noch immer nicht ihren Spielfaden gefunden hat. Gewiß, eine Steigerung gegenüber dem Spiel mit den Brasilianern ist zu verzeichnen – der Durchbruch von der allein kämpferischen zur spielerischen Orientierung aber bleibt einmal mehr aus. Von einer eigenen Linie, einem eigenen Stil keine Spur. Ein Glück, daß wenigstens Dörner im Getümmel die Nerven behält und Arconada überwindet zum alles entscheidenden 1:0. Trainer Georg Buschner zieht sein Fazit: „Wir haben die Spanier geschlagen, und alle Erfahrungen bei ähnlichen Turnieren sprechen für eine weitere Steigerung."

Das wahre Gesicht

Tatsächlich zeigt unsere Elf im dritten Spiel endlich ihr wahres Gesicht. Im Lansdowne Park von Ottawa trifft sie auf Frankreich. Und in der „Equipe tricolore" stehen mit Platini und Fernandez zwei Akteure, die später noch Weltruhm an ihre Fußballschuhe heften sollen. In dieser Partie aber haben die „gallischen Hähne" keine Chance gegen unsre wie aus einem Guß spielende Elf. Konzentriert und selbstbewußt nimmt sie diese Aufgabe in Angriff, und als der Leipziger Löwe bereits nach einer knappen halben Stunde einschießt, ist der Bann endgültig gebrochen. Zwei von Libero Hans-Jürgen Dörner verwandelte Strafstöße lassen die Führung schließlich auf 3:0 anwachsen, bevor der Berliner Riediger den Schlußpunkt zum 4:0 setzt. Dörner hat zu diesem Zeitpunkt drei unserer bisher fünf erzielten Treffer auf sein Konto gebracht, Hartmut Schade kann sich spätestens nach der Partie gegen Frankreich als Stammspieler fühlen. Das Tor zum Halbfinale ist mit diesem Erfolg erst einmal aufgestoßen. Hinter ihm wartet niemand anderes als die UdSSR.

Großartige Steigerung im rechten Augenblick

Kampfkraft und Spielwitz endlich gepaart, so überschreibt die „fuwo" später ihre Berichterstattung zu dieser Partie, die hohen Ansprüchen gerecht wird. 50 000 Zuschauer erleben im Olympiastadion von Montreal eine DDR-Elf, die bis in die Zehenspitzen motiviert ist und der an diesem Nachmittag fast alles gelingt. „Schades Wucht, die subtile Technik Häfners und Heidlers ließen im Mittelfeld die Waage zu unseren Gunsten ausschlagen", anerkennt Buschner nach den 90 Minuten. Und natürlich schießt Dörner auch wieder „sein" Tor. Hartmut Schade ist wie so oft unerschrocken in den Strafraum der sowjetischen Mannschaft eingedrungen, wird zu Fall gebracht, und Dixie läßt sich diese Chance nicht entgehen. Das Finale ist erreicht.

Der WM-Dritte wartet

Gegner im Endspiel ist kein Geringerer als der WM-Dritte von 1974, Polen. Wohl sind Lato, Deyna, Szarmach oder Tomaszewski inzwischen zwei Jahre älter geworden, an Können aber haben sie nichts eingebüßt. „Nun, da wir so weit gekommen sind, wollen wir es richtig wissen", macht sich indes Hartmut Schade zum Sprecher seiner Mitspieler. Und das Dresdener Energiebündel gibt dann auch ohne Umschweife das Signal zu einer furiosen Angriffsleistung unserer Elf, als er schon nach sieben Minuten das 1:0 erzielt. Schade, Riediger, Häfner – so lauten die Stationen, bevor Hoffmann das 2:0 markiert. Natürlich haben die Dresdener die Partie gegen Polen nicht allein gewonnen, aber es bleibt festzuhalten, daß Häfner schließlich sechs Minuten vor dem Abpfiff, nachdem Lato auf 1:2 verkürzen konnte, dem WM-Dritten den endgültigen K. o. versetzt. Und mit welch einem Treffer! An der Mittellinie erhält er den Ball, setzt sich mit unglaublichem Tempo von seinem Kontrahenten ab und überwindet Mowlik mit einem Schuß in die lange Ecke. „Als ich durchlief, wußte ich – dies kann die Entscheidung sein." Sie wird es. Zwei Tore Vorsprung und noch sechs Minuten zu spielen – alle wissen, den Sieg kann uns niemand mehr nehmen. Trainer Georg Buschner bezeichnet danach den Gewinn der Goldmedaille „als den bisher größten Erfolg des DDR-Fußballs".

Und wieder Edelmetall

Viel Zeit zum Feiern bleibt unseren Fußballern nicht, die Qualifikation zur Weltmeisterschaft 1978 in Argentinien wirft ihre Schatten voraus, und unsere Auswahl konzentriert all ihre Kräfte darauf, dieses Ziel nach 1974 ein zweites Mal zu packen. Gegen die Konkurrenz aus Österreich, Malta und der Türkei in der Qualifikationsgruppe 3 reicht es leider nur zum zweiten Rang hinter Österreich. Neue Ziele müssen ins Visier genommen werden, die Vorbereitungen auf das olympische Turnier in Moskau stehen an. Bevor es soweit ist, fällt die FIFA eine höchst fragwürdige Entscheidung, die sich vor allem gegen die sozialistischen Länder richtet. Danach sind alle Spieler, die in WM-Qualifikationsspielen eingesetzt sind, für den Einsatz beim olympischen Turnier gesperrt. Die Absicht ist klar, weiteren Erfolgen der Fußballer aus sozialistischen Ländern bei diesen Turnieren soll auf diese Weise ein Riegel vorgeschoben werden. Eine Maßnahme, die sich als ein Schlag ins Wasser erweisen wird.

Dr. Rudi Krause übernimmt die diffizile Aufgabe, eine neue Mannschaft aufzustellen. Wohl wissend, daß es zwischen Aue und Rostock nur eine begrenzte Anzahl von Spielern gibt, die sich auf dem internationalen Parkett bewegen können. Am 10. April 1979 formiert sich erstmalig eine Mannschaft unter dem Namen DDR-Olympiavertretung. Sie spielt in Prag gegen die Bohemians und trennt sich 1:1. Bis zum Start in Kiew (dort spielt die DDR in der Vorrundengruppe gegen Spanien, Algerien und Syrien) werden nicht weniger als 14 Länderspiele (8 Siege, 2 Remis und vier Niederlagen) sowie 19 Spiele gegen Klubs (15 Siege, 3 Unentschieden, eine Niederlage) ausgetragen. Danach erklärt Dr. Krause das „große Sieben" für beendet. Aus der Dresdener Elf bleiben Torsteher Bernd Jakubowski, Matthias Müller und der Youngster Andreas Trautmann im Olympiaaufgebot.

Die Sammlung komplettiert

Der Auftakt in Kiew vollzieht sich nicht ohne Schwierigkeiten. Spanien ist unser erster Gegner – Dresdener sind nicht im DDR-Aufgebot. Aber daran liegt es sicherlich nicht, daß unser Spiel einfach nicht ins Rollen kommen will – die Spanier sind deckungsstark, routiniert in den Zweikämpfen. Das 1:1 ist schmeichelhaft für die Blau-Weißen. Nicht viel besser unser Spiel in der zweiten Begegnung, in der wir auf Algerien treffen. Immerhin gewinnen wir am Ende mit 1:0, und als uns dann endlich ein überzeugender Erfolg gegen Syrien (5:0) gelingt, steht dem Einzug ins Viertelfinale nichts mehr im Wege. Aus Dresdener Sicht bemerkenswert: hier kommt erstmals Trautmann ins Spiel, er wird nach der Pause für den Leipziger Kühn eingewechselt. 4:0 heißt das Schlußresultat gegen Irak, und der Einzug in das Halbfinale des olympischen Turniers ist perfekt. Im Moskauer „Lushniki" wird keine geringere als die Mannschaft des Gastgebers der Kontrahent sein. In ihr stehen mit Tschiwadse, Bessonow, Dassajew, Tscherenkow und anderen wirkliche Ausnahmekönner. Aber unsere Elf steigert sich in kaum erwarteter Weise und gewinnt 1:0. Damit ist die Silbermedaille erst einmal sicher – und dabei bleibt es schließlich, weil trotz eines überlegen geführten Finales gegen die ČSSR nicht mehr als ein 0:1 herausspringt. „Damit ist unsere Medaillensammlung komplett", scherzt Trainer Dr. Krause. „Silber holte noch keine unserer Olympiamannschaften."

Durststrecke

Es wird dies für eine längere Zeit der letzte große Erfolg des DDR-Auswahlfußballs bleiben. Es reicht weder zu einer Teilnahme am WM-Endrundenturnier '82 in Spanien noch vier Jahre später, als unsere Mannschaft in der Qualifikation mit Frankreich, Jugoslawien, Bulgarien und Luxemburg scheitert.

Im Herbst '85 und Frühjahr '86 weckt eine Siegesserie Hoffnungen auf eine erfolgreiche EM-Qualifikation. In acht Spielen bleibt unsere Auswahl ohne Niederlage, schlägt Frankreich, Jugoslawien, Portugal ...

Eine neue Generation Dresdener Spieler mit Ulf Kirsten, Matthias Döschner, Jörg Stübner, Ralf Minge und Hans-Uwe Pilz hat sich in der Nationalmannschaft etabliert. Hoffen wir alle gemeinsam, daß sie in die Fußtapfen ihrer Vorgänger treten und neue Erfolge nicht nur an die Farben ihres Klubs, sondern vor allem auch an die der Nationalmannschaft heften.

Prominente vorgestellt

Walter Fritzsch
Immer dem Neuen auf der Spur

Er war Trainer in Aue, Lauter, Dessau, Karl-Marx-Stadt, in Riesa, Rostock und in Dresden. Eine Strecke, auf der er reichlich Gelegenheit hatte, Erfahrungen zu sammeln. Und er gibt offen zu, daß es ihm in Dresden am besten gelungen ist, seine Vorstellungen vom Fußball zu realisieren. „Wir haben den Durchbruch zur absoluten europäischen Spitze letztlich nicht geschafft, weil es einigen Spielern an der bewußten Einstellung zur Aufgabe gefehlt hat. Die ist mit Talent allein nicht zu kompensieren."

Fritzsch war während seiner Trainertätigkeit immer auf der Suche nach Neuem. „Ich habe viel experimentiert, das als richtig Empfundene weiter verwertet, anderes mußte ich fallenlassen." Er gilt als ein überaus disziplinierter Arbeiter. Wer jemals die Gelegenheit erhielt, seine Aufzeichnungen aus mehr als drei Jahrzehnten Trainertätigkeit einzusehen, wird ermessen können, daß zu diesem Beruf weit mehr als Intuition gehört. „Vielleicht hat da mein erster Beruf abgefärbt. Ich hatte Horizontalbohrer gelernt, und da ist Genauigkeit die Grundvoraussetzung, um keinen Schiffbruch zu erleiden." Er hat jede Begegnung „aufbereitet", wie er sagt, Details festgehalten, die scheinbar nebensächlich waren, die er aber später in Begegnungen mit anderen Kontrahenten sehr gut verwenden konnte.

Nicht alles, was er tat, fand Gefallen bei den Spielern. Walter Fritzsch wußte darum: „Wer unbequeme Forderungen stellt, kann nicht damit rechnen, daß er umarmt wird." Inzwischen registriert er mit Genugtuung, daß sich nicht wenige seiner ehemaligen Zöglinge in ihrem Beruf als Trainer eben seiner Methoden besinnen. „Und einige fahren gar nicht schlecht dabei", meint der inzwischen 65jährige, der noch gar nicht daran denkt, ein Rentnerdasein zu genießen. Er ist aktiv wie eh und je. Weiterbildung für Ligatrainer, Vorsitzender der Trainerkommission im Bezirk, Hospitationen im Training von Oberligamannschaften – das alles fordert den ganzen Mann. Und Walter Fritzsch stellt sich diesen Aufgaben wie gewohnt mit vollem Engagement.

Klaus Sammer
Ein Leuchtturm in so mancher Brandung

Genannt wurde er nur der „Lange". Mit seinen 1,91 m war er aber auch nicht zu übersehen. Und ein „Großer" wurde er ohnehin. „Klaus schrieb mit seinem Können ein gewichtiges Stück Dresdener Fußballgeschichte mit", anerkannte sein langjähriger Trainer Walter Fritzsch. Ein Lob aus berufenem Munde, auf das Klaus Sammer zu Recht stolz sein darf. 1965 aus Gröditz über den SC Einheit zu Dynamo gekommen, eroberte er sich sofort einen Stammplatz in der „Ersten". Und nach Dynamos Höhenflug in der Saison 69/70 ließ der erste Auswahleinsatz nicht lange auf sich warten. Am 11. November 1970 schlug seine Stunde: die Niederlande waren in Dresden der Länderspielpartner. Da erhielt der „Lange" seine Bewährungsmöglichkeit, die er beim Schopfe packte. 16 weitere Einsätze in der A-Auswahl kamen hinzu.

Auch in die Olympiavertretung rückte er auf. Doch als es soweit war, als die DDR-Elf sich anschickte, in der BRD Bronze zu gewinnen, fehlte sein Name in den Aufstellungen, obwohl er im Jahr zuvor immerhin sieben Länderspiele bestritten hatte. Diese gewisse Tragik haftete aber noch einmal an den Fersen des blonden Recken. Beim denkwürdigen Treffen gegen Rumänien 1973, als beim

2:0-Sieg in Leipzig der dickste Brocken auf dem Weg zum 74er WM-Endrundenturnier bezwungen wurde, war der Dresdener noch eine Stütze. Zugleich aber war dies sein letztes Länderspiel; die Endrunde erlebte er nur noch als Fernsehzuschauer.

Dafür kostete der Leuchtturm in so mancher Brandung (ob nun EC- oder Meisterschaftsspiele) mit Dynamo viele Höhepunkte aus. Und an seine beiden Pokalfinaltore 1971 gegen den BFC Dynamo erinnert sich Klaus Sammer wohl besonders gern. Schließlich brachten sie den Schwarz-Gelben ihr erstes Doppel von Meisterschaft und Pokal.

Im Pokal ging der „Lange" schließlich auch als Trainer der Oberligaelf auf großen Fischzug. Zwei Finalsiege – ausgerechnet wieder gegen den BFC! – stehen auf der Habenseite, zwei Vizemeistertitel gleichfalls. Und bei Sammers fällt der Apfel nicht weit vom Stamm. Filius Matthias schickt sich an, den Meriten des Vaters weitere folgen zu lassen. Oder übertrifft er ihn gar noch?

Hans-Jürgen Kreische

Mit den Toren Maßstäbe gesetzt

Wer dreimal hintereinander Oberliga-Torschützenkönig wird, schließlich noch ein viertes Mal als Zugabe liefert, der hat mehr als nur einen Torriecher. Hans-Jürgen Kreische, dem sein Vater Hans die ersten Fußballschritte beigebracht hatte, vereinte viele Tugenden eines überdurchschnittlichen Akteurs: blendende Technik, Übersicht, taktische Cleverneß, aber eben auch Torgespür.

Mit den Toren setzte er Maßstäbe, sich selbst natürlich auch. „Ich wurde bald bloß noch an Toren gemessen", meint er heute noch. „Dabei sah ich mich längst nicht nur in der Rolle des Torjägers wie zum Beispiel ‚Matz' Vogel oder Joachim Streich." Trotzdem war im Dynamo-Spiel vieles auf den echten Dresdener zugeschnitten, der nie für einen anderen Klub gespielt hat.

1957 begann die glänzende Karriere und dauerte 20 Jahre. Natürlich war sie reich an Höhepunkten. Den ersten erlebte der 18jährige beim UEFA-Turnier in der BRD, als 1965 der Turniersieg im Finale gegen England gelang. „Wir hatten eine solch gute Mannschaft beisammen, wie es sie nur selten gibt. Und ich war längst nicht das größte Talent", gibt er zu. Aber sein Licht unter den Scheffel zu stellen brauchte er nicht. Ein halbes Jahr später schaffte er den Sprung in die erste Mannschaft, bald darauf auch den in die Nationalelf. Fußballer des Jahres wurde er auch, und zwar 1972/73.

Um so überraschender mag für viele der Abschied schon mit 30 Jahren gekommen sein. Verletzungen warfen den Ausnahmekönner zurück, vor allem athletisch. Aber dem Fußball, natürlich dem Dresdener, hielt er die Treue, wurde Nachwuchstrainer. Die meisten Talente gingen durch seine Schule, und noch immer kann ihnen „Hansi" einiges vormachen. „Die Arbeit mit den Steppkes macht mir viel Spaß. Ich möchte vorläufig gar nichts anderes machen."

Derzeit hat er die 13jährigen unter seinen Fittichen und will mit ihnen die nächsten vier Jahre arbeiten. Die Talente werden dies ganz gewiß zu danken wissen.

Dieter Riedel

Ein „Quirl" voller Tatendrang

International hatte der gebürtige Gröditzer (hier hieß sein erster Übungsleiter Horst Richter) einen Raketenstart. 1966 nach Dresden delegiert, war er bereits beim UEFA-Turnier im gleichen Jahr in Jugoslawien dabei. Aber so steil ging es plötzlich nicht mehr aufwärts, die Erfolgsleiter wollte Stufe um Stufe emporgeklettert sein.

Der schmächtige, 1,70 m große Angreifer machte dennoch seinen Weg, weil er über Schnelligkeit und Spielverständnis verfügte. Der ehemalige Auswahltrainer Georg Buschner lobte besonders „Wendigkeit und Mut zum Risiko" des Wirbelwinds Dieter Riedel. Oft war er ein regelrechter „Quirl". Voller Tatendrang, ehrgeizig, fleißig.

Im Dresdener Ligajahr 68/69 zum Dynamo-Stammspieler gereift, gehörte der gelernte Werkzeugmacher und jetzige Diplomsportlehrer bald der Nachwuchs-, später der A-Auswahl an. Und ausgerechnet in Dresden, in seiner Heimatstadt, debütierte der am 16. September 1947 geborene Dieter Riedel in der Nationalmannschaft. Über Jahre gehörte er zum Kaderkreis, ohne aber den ganz großen Sprung zu schaffen! Vor der WM-Endrunde 1974 machte er sich Hoffnungen auf einen Platz im Aufgebot, 1976 gehörte er zum Kreis des Olympiasiegers von Montreal, auch bei der WM-Qualifikation für 1978 war er noch mit „am Ball".

Einer brauchte ihn als Mitspieler, als Torvorbereiter am meisten: Hans-Jürgen Kreische. „Mit Hans-Jürgen habe ich mich nahezu blind verstanden", sagt der eine — „ohne Dieters Vorlagen hätte ich längst nicht so viele Tore geschossen", meint der andere. Darin lag der unbestrittene Wert Dieter Riedels als Spieler.

Und nun als Trainer? „Die drei Jahre in der Oberliga an der Seite von Klaus Sammer haben mir viel gegeben!" Inzwischen betreut er die 15jährigen Jugendlichen. Auch diese Arbeit macht ihm Spaß, „denn vor dem Oberligakollektiv trainierte ich schon einmal gemeinsam mit Klaus Sammer die Junioren. Einige Erfahrungen habe ich also bereits mit dieser Altersklasse gesammelt." Dem Praktiker wird auch diese Umstellung nicht schwerfallen.

Hartmut Schade

Der Mann zwischen den Strafräumen

Nach Dresden kam er aus Radeberg, im Jugendalter. 1969 war das. Drei Jahre später schon trug er das erste Mal den Dreß einer Auswahlmannschaft. Hartmut Schades Talent wurde früh erkannt. Es waren nicht in erster Linie seine Fertigkeiten am Ball, sondern seine Willensstärke, seine Kraft und seine läuferischen Fähigkeiten, die ihn schon in jungen Jahren zum auffälligen Spieler machten. Zwei Jahre in der Juniorenauswahl — im letzten war er als deren Kapitän am Gewinn der Silbermedaille beim UEFA-Turnier 1973 in Italien beteiligt — unterstreichen das nur. „In die erste Mannschaft kam ich 1973 mit etwas Glück. Stammspieler fielen wegen Verletzungen aus, und Trainer Walter Fritzsch stellte mich in die so entstandenen Lücken", erinnert sich Hartmut Schade an die Anfänge in den Reihen der Oberligaelf.

Von da an ging es steil aufwärts. Der dynamische Schade machte seine Sache nicht nur in den Punktspielen der Oberliga ausgezeichnet, er wies auch in den EC-Spielen nach, daß er international mitzuhalten in der Lage war. Folgerichtig sein Einsatz in der Nationalmannschaft. Die Premiere fand in Leipzig statt, und Frankreich wurde mit 2:1 geschlagen. Das war 1975.

Der Höhepunkt seiner Laufbahn war zweifellos der Gewinn der Goldmedaille bei den Olympischen Spielen 1976 in Montreal. „Ich wurde erst im Laufe des Turniers Stammspieler", erinnert sich der Schwarzschopf. „Das Tor, das ich im Finale schoß, war sicherlich eines meiner wichtigsten."

Als er im März 1980 eine schwere Beinverletzung erlitt, mußte er 18 Monate pausieren, bevor er wieder spielen konnte. Mit großer Willensstärke verdrängte er seine Beschwerden, mußte aber mit 29 Jahren relativ früh die Fußballschuhe an den berühmten Nagel hängen. Hartmut Schade, der ein Studium als Diplomsportlehrer abgeschlossen hat, trainierte mehrere Jahre Spieler, die nach Verletzungen wieder um den Anschluß bemüht waren. Seit 1986 ist er Nachwuchstrainer. „Ich bin ganz sicher, daß mir diese Arbeit mit veranlagten Burschen auch weiterhin sehr viel Spaß machen wird."

Hans-Jürgen Dörner

Aus einem „Kleinen" wurde ein Großer

Um seine spielerischen Qualitäten gab es niemals Diskussionen. „Dixie" Dörner, das war ein Synonym für exzellente Ballbehandlung auch in härtester Bedrängnis, für Musterpässe über 30, 40 Meter, für raffinierte Freistöße. Logisch, daß er mit diesen Qualitäten rasch die Aufmerksamkeit der Auswahltrainer auf sich zog. Auch die von Nationalmannschaftstrainer Georg Buschner. Der aber setzte ihn vorerst nicht auf der Position des Liberos ein, auf der er in Dresden schon Glanzpartien hingelegt hatte, versuchte ihn vielmehr ins Mittelfeld einzubauen. Die Begründung: „Dörner ist mit 1,76 m einfach zu klein."

Buschner war indes der letzte, der einen Irrtum nicht zu korrigieren imstande war. Im 3:1 gewonnenen Länderspiel gegen die ČSSR

1972 spielte der aus Görlitz stammende Dörner erstmals als letzter Mann in der Auswahl, und in den folgenden Jahren war er dort nicht mehr wegzudenken. In der WM-Qualifikation für das Turnier Mexiko '86 absolvierte er in Babelsberg gegen Luxemburg sein 100., sein letztes Länderspiel. Nach dem Magdeburger Joachim Streich Dörner also der zweite DDR-Spieler im „Klub der Hunderter".

Hans-Jürgen Dörner hat keinen Hehl daraus gemacht, daß sein Ehrgeiz vor allem darauf gerichtet war, an einer WM-Endrunde teilzunehmen. „Als die DDR-Mannschaft 1974 dabei war, mußte ich wegen der Nachwirkungen einer Gelbsucht zu Hause bleiben", erinnert er sich. So wurden auch für ihn die Olympischen Spiele 1976 der Höhepunkt seiner Laufbahn. „Mit sechs Dresdenern im Aufgebot war diese Mannschaft vor allem spielkulturell sehr stark ausgerichtet. Diesen Standard haben wir später kaum mehr erreicht."

Dörner ist alles andere als ein bequemer Mann. Schon während seiner aktiven Laufbahn hielt er mit Kritik nicht hinter dem Berge. „Über Fehler muß man sprechen, auch wenn man ein Spiel gewonnen hat", ist seine Devise. Dresdens Junioren, die „Dixie" seit der Saison 1986/87 trainiert, werden sich darauf einzustellen haben ...

Reinhard Häfner
An Eleganz kaum zu übertreffen

Es muß schon ganz, ganz „dicke" kommen, daß mit dem ruhigen, ausgeglichenen Thüringer (geboren am 2. Januar 1952 in Sonneberg) einmal die Pferde durchgehen. Im Finale des olympischen Fußballturniers 1976 passierte es dennoch. Die letzten Minuten waren angebrochen, die DDR führte 2:1 gegen Polen. Da schnappte sich Reinhard Häfner in Höhe der Mittellinie das Leder, eilte zum gegnerischen Tor, vollstreckte kaltblütig zum 3:1 und ließ sich erst nach langer Jagd einfangen – von seinen überglücklichen Mitspielern. Diese Bilder gingen um die Welt. Der Filigrantechniker, an Eleganz kaum zu übertreffen, mit Siebenmeilenstiefeln zum Olympiasieg!

Lange vorher war das Talent des bei Motor Sonneberg unter Übungsleiter Ernst Ehm mit dem Fußball vertraut gewordenen Steppkes bekannt. In der Suhler Bezirksauswahl machte der Schwarzschopf von sich reden. Allerdings bedurfte es schon so mancher guter Worte des Vaters, damit sich der Sohn endlich entschloß, für den FC Rot-Weiß Erfurt zu spielen. Danach war der Weg in die Juniorenauswahl unseres Landes nicht mehr weit. Aber wer hätte schon an einen Sieg beim UEFA-Turnier 1970 in Schottland geglaubt? Und der mit Reinhard Häfner als unserem besten Akteur im Finale gegen die Niederlande!

Auf weit über 300 Punktspiele brachte es der Mittelfeldspieler bisher, in 57 A-Länderspielen erzielte er fünf Tore. Das Toreschießen war ja ohnehin nicht seine Stärke, vielmehr schlüpfte er gern und oft in die Dirigentenrolle hinein, wußte er seine Nebenspieler einzusetzen. Zu glänzen vermochte er dank seiner Übersicht, dank seiner technischen Fähigkeiten und taktischen Cleverneß. Trotzdem blieb er der bescheidene Sportsmann, der souveräne Mitspieler, der faire Gegenspieler.

Noch immer sind die strategischen Fähigkeiten Reinhard Häfners gefragt, kommt seine zurückhaltende Art auch bei den Jüngeren an, von denen es mittlerweile eine ganze Generation bei Dynamo gibt. Diese „Hüpfer" zu führen, dieser neuen Aufgabe wird Reinhard Häfner als „Kopf" der Mannschaft gerecht.

Titelgewinne im halben Dutzend

Reminiszenzen aus der Geschichte der DDR-Meisterschaften, in denen die Dresdener zumeist mit den Ton angaben

Wer in Dresden und Umgebung Fußball sagt, meint in erster Linie Dynamo. Die Identifikation mit Schwarz-Gelb ist in Elb-Florenz eine Selbstverständlichkeit. Wenn Dynamo spielt, ist die gesamte Anhängerschar auf den Beinen. Das Publikum ist so sachkundig und begeisterungsfähig wie kaum woanders in unserem Lande. Und von der Anzahl her nimmt es ohnehin seit zwei Jahrzehnten die absolute Spitzenstellung ein.

Spitzenleistungen bieten zumeist aber auch die Spieler. Und das — mit Unterbrechungen — schon seit über 30 Jahren ...

Die „Hausnummer" des Vorläufers

Spannend wie selten geht es 1952/53 im Titelkampf zu. Der vierte DDR-Meister wird gesucht. 17 Mannschaften bewerben sich um den Titel. Aber selbst als alle Vertretungen ihre 32 Spiele absolviert haben, ist noch immer keine Entscheidung gefallen. Dynamo Dresden und Wismut Aue liegen wie zwei Jahre zuvor Chemie Leipzig und Turbine Erfurt punktgleich an der Spitze. Ein Entscheidungsspiel muß Gewißheit über den Titelträger geben, der schließlich Dynamo Dresden heißt. 3:2 nach Verlängerung werden die Wismut-Männer bezwungen. Und das, obwohl die Dynamos in den Punktspielen „nur" 51 Tore schießen. Dafür steht die Abwehr, die mit 33 die wenigsten Gegentore kassiert. Herbert Schoen, Günter Schröter, Johannes Matzen und viele andere machen sich einen Namen. Entscheidend ist, daß die Spieler über Nerven wie Drahtseile verfügen. Nicht erst im Entscheidungsspiel werden sie benötigt. Schon in der Meisterschafts-Endphase geht es haarig zu. Zwei Runden vor Schluß führt Dynamo, einen Spieltag vor Ultimo aber Motor Zwickau. Am Ende jedoch triumphiert die Elf von der Elbe. Die Dresdener haben ihre „Hausnummer" in der Gala der Titelträger, ziehen aber 1954 nach Berlin um.

Ein Neuling wie so viele

Ohne Oberligafußball bleibt die Metropole am Fuße des Elbsandsteingebirges jedoch nicht. Rotation Dresden (später SC Einheit) hält die Fahne hoch. Doch auch die Dynamos kommen wieder, bilden eine neue Mannschaft, erkämpfen sich in der Südstaffel der Liga einen Spitzenplatz und steigen 1961/62 ins Oberhaus auf!

Interessant ist, daß sich die Volkspolizisten auch anderweitig hervortun. „Vier Patenschulen werden von ihnen betreut, wobei die Sektion Fußball besonders aktiv ist", heißt es in der „fuwo". Die Studenten Horst Rohne, Wolfgang Haustein und Gerhard Prautzsch fungieren sogar im Turnunterricht als Übungsleiter!

In der Oberliga jedoch präsentiert sich Dynamo als ein Neuling wie so viele davor und danach. Die Gefahr des Abstiegs wird in keiner Phase gebannt. Mit 7:0 gelingt zwar gegen Aktivist Brieske-Senftenberg ein Kantersieg, gemeinsam mit den Knappen aber müssen die Dynamos nach nur einjährigem Gastspiel das Oberhaus wieder verlassen. Dabei besteht noch bis zuletzt die Möglichkeit, das Abstiegsgespenst zu verjagen. 2:0 führen die Gäste zum Halali beim ASK Vorwärts in Berlin. Auch vom 2:2 lassen sie sich nicht beirren — Wolfgang Oeser markiert zehn Minuten vor dem Ende die erneute Führung. Ein

Sieg beim Tabellendritten ist greifbar nahe. Aber dann: 3:3 trotz ansprechender Partie, Platz 13, Abstieg.

Die Kletterpartie ohne Seil

Das Ade währt nur ein Jahr. Im Handumdrehen kehren die Dresdener zurück. Nun starten sie eine Kletterpartie. Nach der 1. Halbserie der Saison 1964/65 behaupten sie Rang 10, zum Ende gleichfalls. Erneut aber schielt bis zuletzt das Abstiegsgespenst nach den Dynamos. Erst mit der Schlußrunde wendet es sich ab und verbannt die Neubrandenburger in die Zweitklassigkeit, gegen die Dynamo das letzte Spiel 5:3 gewinnt. Zwei Tore zu diesem Sieg steuert Siegfried Gumz bei, mit acht Treffern bester Dresdener Schütze in jener Saison, die gekennzeichnet ist von einer eklatanten Auswärtsschwäche. Die Männer um Trainer Helmut Petzold landen als einzige keinen Sieg auf fremdem Boden. Mit 20 846 Zuschauern im Schnitt je Heimspiel ist das Rudolf-Harbig-Stadion eine Hochburg.

In der 2. Halbserie machen zwei Neue im Dynamo-Dreß erstmals von sich reden. Klaus Sammer und Klaus Engels wechseln vom Ortsrivalen SC Einheit zum Wiederaufsteiger und tragen sich zudem gleich in die Torschützenliste ein. Außerdem ist bemerkenswert, daß sich mit Wolfgang Pfeifer erstmals ein Dynamo-Spieler bei der Umfrage nach dem „Fußballer des Jahres" plaziert. Rang 17 nimmt er mit seinen drei Punkten ein, liegt damit aber beispielsweise noch vor Manfred Kaiser (Wismut Aue), dem ersten Akteur, der den „fuwo"-Silberschuh in Empfang nehmen konnte, und Bernd Bauchspieß, mit 14 Treffern für Chemie Leipzig Oberliga-Torschützenkönig.

Die Klettertour geht jedoch weiter. Zwar noch nicht in schwindelerregende Höhen, aber nach Abschluß der Saison sind die Dresdener stolzer Fünfter! Erstmals führen sie als neue Sportgemeinschaft auch die Tabelle an. Nach den Runden 4, 6 und 7 stehen sie auf der obersten Sprosse der Tabellenleiter! „Wenn eine Elf in dieser Saison Furore machte, dann die Dynamo Dresdens!" lobt die „fuwo". Besonders beeindruckend der Start, der „jedem Sprinteras zur Ehre gereicht hätte". Die Dynamos überwinden ihren scheinbaren Auswärtskomplex, besitzen die viertbeste Bilanz auf Reisen, spielen die Rolle des Hechtes im Karpfenteich und fühlen sich wohl dabei. Und das, obwohl spiel- wie abwehrgestaltende Kräfte (Sammer, Ziegler, Siede, Hofmann, Prautzsch) über längere Zeit ausfallen. Andererseits aber geht ein neuer Stern auf. Hans-Jürgen Kreische, 1965 Mitglied unserer Juniorenauswahl, die in der BRD das UEFA-Turnier im Finale gegen England mit 3:2 gewinnt, schafft den Sprung sowohl in die Oberligaelf der Dynamos als auch in die Nachwuchsauswahl. Bereits bei seinem Debüt in der Vorsaison hat Hans-Jürgen seinen ersten Oberligatreffer erzielt.

Noch höher hinaus geht es 1966/67. Obwohl sich Dynamo um einen Zähler verschlechtert, steht am Ende ein 4. Platz zu Buche. Doch es werden auch warnende Stimmen laut. Obwohl nur 16 Spieler eingesetzt werden, fehlt die mannschaftliche Bindung. Mehrfach kommen die Anhänger ins Grübeln (zwei Heimniederlagen in der Startphase, sechs Spiele in der Folge ohne Sieg zwischen der vierten und neunten Runde). Die Leistungen entsprechen also nicht der Plazierung.

So richtig deutlich wird dies in der folgenden Saison. Da nämlich endet die Kletterpartie ohne Seil mit einem Absturz auf den Abstiegsplatz 13! Was sind die Gründe für diesen Fall ins Bodenlose? Die zweitschlechteste Heimbilanz? Die Nerven? Nein! Sondern fehlende spielerische Klasse, ungenügendes, unproduktives Angriffsspiel. Mit 8:18 Zählern gibt es die schlechteste Rückrundenbilanz aller Mannschaften. Aber noch im letzten Spiel könnte das Ärgste verhindert werden, denn Chemie Leipzig, gleichfalls stark gefährdet, ist der Gast. Ein Sieg soll alle Zweifel beseitigen. Doch er bleibt aus. 1:1 – Abstieg! Trainer Kurt Kresse, der am 18. Spieltag Manfred Fuchs ablöste, trifft den Nagel auf den Kopf, indem er meint: „Wir erarbeiteten uns über das gesamte Spieljahr hinweg so viele gute Chancen, nutzten sie aber ganz schlecht."

Mit Wehmut erinnert man sich an die Schußkraft der „Oldies", die vor dem entscheidenden Spiel mit der Dynamo-Altersmannschaft als Stadtmeister geehrt werden. 40:0 Punkte und 148:24 Tore weisen die „Alten" aus. Aus diesem Holz ist 1967/68 in der ersten Mannschaft keiner geschnitzt. Es fehlt ein Vollstrecker, denn der beste Schütze (Bernd Hofmann) ist bei seinen sieben Treffern sage und schreibe sechsmal vom Elfmeterpunkt aus erfolgreich.

Aufstieg wie Phönix aus der Asche

Der zweite Abstieg trifft die Mannschaft wie ein Keulenschlag. Umzuwerfen vermag aber auch er die Elf nicht. Abermals nach nur einem Jahr kommt sie wieder. Stärker, ausgeglichener, homogener denn je. Es ist ein Aufstieg wie Phönix aus der Asche. Mit einem neuen Trainer (Walter Fritzsch) beginnt eine völlig neue Dynamo-Ära. Der Wiederaufsteiger legt erneut einen Blitzstart hin. 2:0 wird zum Auftakt der FC Hansa bezwungen (der junge Dörner, gerade in die Männermannschaft aufgerückt, erzielt in diesem Spiel sein 1. Oberligator), ein 1:0 gibt es in der Woche darauf gegen Wismut Aue. Dynamo Dresden ist Spitzenreiter! Hier schon deutet sich der Aufschwung an, wenngleich das Stehvermögen verständlicherweise noch nicht ausreicht. Weiter als auf Platz 6 rutscht die Mannschaft aber nicht ab, legt vielmehr noch einen erstaunlichen Endspurt hin mit sechs Spielen hintereinander ohne Niederlage.

Deshalb fällt die Einschätzung für die Saison 1969/70 überaus positiv aus. Die Synthese zwischen Routiniers und überdurchschnittlich veranlagten Talenten verspricht nicht nur eine offensive Grundhaltung, sondern diese wird auch in jedem Spiel praktiziert. Dynamo besitzt eine Vielzahl veranlagter Akteure, die für die Zukunft enorm viel versprechen. Erfreulich diszipliniert agiert zudem die Abwehr, die im Frühjahr gleich in sieben Punktspielen kein Gegentor zuläßt.

Mit dem Fairplay steht die Dynamo-Elf aber noch nicht auf du und du. Drei Feldverweise in der Meisterschaft (Haustein, Riedel, Wätzlich), ein weiterer im Pokal (Haustein) sind beileibe kein Ruhmesblatt. Solche Fehltritte hat eine Mannschaft, die voller Qualitätsmerkmale steckt, einfach nicht nötig.

Geschweige denn als Meister! 1970/71 ist es soweit. Ein Superlativ löst den anderen ab: die „Mannschaft des Jahres" unterliegt keinen nennenswerten Schwankungen; sie spielt gemeinsam mit Jena die beste Heimbilanz heraus (25:1 Punkte); als einzige Elf schneidet sie auswärts positiv ab (14:12); sie setzt mit 17 die wenigsten Spieler ein. Das Lob will und will nicht enden. Schließlich gelingt gar das Doppel von Meisterschaft und Pokalsieg! Immerhin war dies noch keiner anderen Vertretung geglückt. Dynamo Dresden die Nummer 1! Was macht den Kontrahenten am meisten zu schaffen? Die dynamische Angriffsentwicklung aus allen Mannschaftsteilen heraus. Auf den Angriff kommen 19 Tore, auf das Mittelfeld 23, auf die Abwehr 13. Die Dominanz des Mittelfeldes ist zurückzuführen auf den Ausnahmekönner Hans-Jürgen Kreische, mit dem erstmals einer der Dynamos Torschützenkönig wird. Spielwitz, Temperament, unverwechselbare Individualität und Cleverneß heißen die Trümpfe des Meisters, der an sage und schreibe 21 Spieltagen das Feld anführt, um am Ende Vorjahresmeister FC Carl Zeiss um nicht weniger als sechs Punkte zu distanzieren. Darin liegt wohl eine ganze spielerische Klasse. Diese Überlegenheit geht in der folgenden Saison allerdings wieder verloren. Platz 3 ist es am Ende, fünf Punkte hinter dem neuen Meister 1. FC Magdeburg. Nach dem Jahr der Superlative folgt doch ein recht enttäuschendes. Durch eine mißglückte Ouvertüre (5:5 Punkte) geht alsbald der unmittelbare Anschluß an die Spitze verloren. Verletzungsausfälle (Riedel, Sammer, Kern, Ganzera) und Formschwankungen tun ihr übriges. Ein positionelles Hin und Her (Libero-Hickhack zwischen Dörner und Kern) bringt etwas Unruhe. Glanzlichter stecken die Dresdener diesmal nur zu Hause auf, schicken gleich mehrere Mannschaften mit „Packungen" heim. Im Dynamo-Stadion entbrennt die Torjagd (6:0 gegen Stralsund, 6:1 gegen Halle, 5:1 gegen Jena, 5:2 gegen Zwickau, 5:3 gegen Aue, 4:1 gegen Union), auswärts jedoch klagen alle über eine unerklärliche Ladehemmung (nur ein Sieg). Die als hoher Favorit in die Saison gegangenen Schwarz-Gelben unterliegen ihrer individuellen Selbstüberschätzung. Leichtsinnigkeiten stoppen den angestrebten und so überaus erfolgreich gestarteten Aufschwung. Einer behält seinen Titel dennoch. Hans-Jürgen Kreische wird erneut bester Torschütze!

Dabei sind hier sogar aller guten Dinge drei, denn auch 1972/73 kann dem Dresdener Torjäger keiner das Wasser reichen. 26 Treffer kommen auf sein Konto. Es ist die höchste Anzahl seit 20 Jahren, seit Harry Arlt vom Ortsnachbarn Rotation Dresden die Krone herausschoß. Hans-Jürgen Kreische ist es auch, der in der 10. Runde mit der „fuwo"-Höchstnote 10 bewertet wird. Dieses Kunststück gelang Hans-Jürgen Dörner bereits vier Runden vorher. Zwei Dynamos wird also eine lupenreine Leistung bescheinigt. Das reißt die gesamte Mannschaft mit, die den Oberligarekord einstellt, also 17 Spiele in der Folge ungeschlagen bleibt, und aus elf Siegen und sechs Unentschieden 28:6 Punkte holt. „Spitzenstellung zurückgewonnen", heißt es schließlich in der Fachpresse. Nachdem Platz 1 in Runde 4 erreicht ist, behauptet Dynamo diese Stellung, beherrscht die Konkurrenz souverän. Harmonisch, selbstbewußt, reif sind die Leistungen. Trainer Walter Fritzsch und Assistent Harry Nippert verweisen auf die beste Heim- (25:1) und Auswärtsbilanz (17:9) aller Oberligisten. 61 Tore gelangen zudem keiner Elf seit 14 Jahren! Und in der Mannschaft, die noch jünger geworden ist, überwiegen die modernen Tendenzen. Der „Fuchs" Fritzsch fand Mentalitäten, die haargenau zueinander passen. Hochbegabte Individualisten ordnen sich der Strategie der Mannschaft unter. Und das macht Dynamo so stark. Aber das Wechselspiel Dritter — Erster — Dritter — Erster geht weiter. 1973/74 gibt es wiederum Bronze für Dresden. Den Fritzsch-Schützlingen (an der Seite des Trainers arbeitet nun Gerhard Prautzsch) wird eine Saison „mit Ecken und Kanten" bescheinigt. Was Wunder, fiel doch Kreische nach seiner im WM-Qualifikationsspiel gegen Rumänien erlittenen schweren Verletzung als Spielgestalter, Konstrukteur und Vollstrecker fast die ganze Saison aus. Aber auch ohne den Schützen vom Dienst bleibt die Offensive Trumpf, wenngleich mit einer Portion Leichtsinn und Unkonzentriertheit in der Abwehr belastet. 40 Gegentore müssen die Schlußleute Boden und Urbanek hinnehmen, acht davon per Kopf. Insgesamt müssen sich die Dynamos alles härter erarbeiten als im Jahr zuvor. Nur in der Rückrunde (nach einem schwachen 4. Platz im Herbst) deuten sie ihre alte Klasse an, bleiben acht Spieltage ohne Niederlage. Erfreulich andererseits: der 1971 aus Erfurt gekommene Reinhard Häfner wächst immer besser in die Rolle des Spielgestalters hinein! Gemeinsam mit dem „Arbeiter" Hartmut Schade bildet er ein Pärchen, von dem noch viel zu hören sein wird. Noch nicht so sehr im folgenden Jahr. Einmal weil Schade nur acht Spiele bestreitet, zum zweiten jedoch, weil es den Anschein einer bedenklichen Stagnation gibt. 19:20 lautet der Torstand bei Halbzeit. Die Torausbeute am Ende ist mit 42 die geringste seit dem Wiederaufstieg 1969. Die Fachjournalisten sind sich einig: „Dynamo geriet viel stärker in Rückstand, als daß es Platz 3 kaschieren könnte." Im Jahr zuvor belassen vier Punkte Rückstand auf Platz 1 alle Hoffnungen. Zwölf Monate später aber sind es deren neun! Was nutzt die drittbeste Heimbilanz, wenn auswärts alle Felle davonschwimmen? 9:17 Punkte bringt die Mannschaft von Reisen mit. Noch weniger, nämlich 7:19, gab es 1967/68. Doch da stieg man ja ab ... Es ist nicht an dem, daß Platz 3 nichts wäre. Aber bei Dynamo kommt es einem Auf-der-Stelle-Treten gleich.

Die Antwort lautet Hat-Trick

Aber anscheinend Totgesagte leben auf jeden Fall länger. Die Dresdener, selbst unzufrieden mit ihrem jüngsten Abschneiden, blasen zum Sturm! Walter Fritzsch bietet bis auf Klaus Sammer, der im Vorjahr seine aktive Laufbahn beendete, die gleiche Formation auf. Und diese wird Meister! Die erste Antwort auf die Fragen nach der unbefriedigend verlaufenden Vorsaison ist beeindruckend gegeben. „Hochverdient auf dem Meisterthron!" So lautet die Feststellung in der „fuwo". Begleitet ist der neuerliche Titelgewinn mit neuen Punkt- und Torekorden in der Oberliga. Sowohl zu Hause (24:2) als auch auswärts (19:7) heimsen die Elb-Florenzer die meisten Zähler ein. 70 Treffer, verteilt auf ein Dutzend Spieler, kann keine andere Elf aufweisen. 22mal blicken die Dresdener von der Tabellenspitze auf das übrige Feld herab. Schwarz-Gelb wird zur Modefarbe der Saison. Gleich sechs Spieler, wenn man so will die halbe Mannschaft, landen unter den besten 20 in der „fuwo"-Punktwertung.

Walter Fritzsch aber weiß, warum er die Zügel weiterhin sehr fest in der Hand hält. „Die Mannschaft ist zwar gereift, aber noch wesentlich steigerungsfähig", weiß er vor Beginn der Saison 1976/77. Und was für ein Jahr es wird: Das zweite Doppel ist am Ende perfekt! Stets ist Dynamo entweder auf Platz 1 (22mal) oder 2 (4mal) zu finden. Der gepflegte, attraktive Kombinationsfußball wird rationeller, wenngleich taktische Fehler nicht zu übersehen sind. Deshalb werden die Rekorde des Vorjahres nicht erreicht. Aber die Zuschauer honorieren den Erfolg ihrer Mannschaft auf für Dresdener Verhältnisse übliche Weise: 29 384 Besucher füllen im Schnitt das Dynamo-Rund. Diese Resonanz ist überwältigend. Wie groß ist erst die Freude, als am Ende der Saison auch feststeht, daß der „Fußballer des Jahres" gleichfalls aus Dresden kommt. Es ist Hans-Jürgen Dörner, der sich zu einem Libero der internationalen Klasse mausert. 1977/78 schließlich ist der Titel-Hat-Trick fällig. Wieder behauptet sich ein Kollektiv, das sowohl über die beste Heim- (24:2) als auch Auswärtsbilanz (17:9) verfügt. Die Titelgewinne im halben Dutzend sind vollbracht. Die Schwarz-Gelben ziehen mit den Vorwärts-Fußballern gleich, die ihrerseits zu sechs Meistertiteln kamen. Beide bilden nun das Rekordhalterpaar.

Der jüngste, der sechste Meistertitel fällt den Männern um ihren Kapitän Hans-Jürgen Dörner alles andere denn leicht. Er ist verbunden mit einem Mehraufwand. Stehvermögen, Ausdauerqualitäten, Entschlossenheit sind gefragt. Und all das werfen die Dresdener in die Waagschale. Hinzu kommt eine Portion Erfahrung, denn erneut stützt sich Walter Fritzsch auf das bewährte Kollektiv. Mit einigen wenigen Ausnahmen, denn Bernd Jakubowski verdrängt Claus Boden als Nummer 1 zwischen den Pfosten. Außerdem debütieren die großen Talente Andreas Trautmann und Matthias Döschner.

Wenn es dennoch etwas zu kritisieren gibt, dann ist das die Torgefährlichkeit der Außenverteidiger. Sie sind zwar durchweg angriffsorientiert eingestellt, in die Torschützenliste tragen sie sich jedoch nicht ein. Ein anderer, später häufiger anzutreffender Störfaktor wird entdeckt: Das Verhältnis zwischen Angriffsfreudigkeit und Deckungsdisziplin stimmt hin und wieder nicht. Es fällt nur nicht ins Gewicht, weil der Titelträger noch immer den Ton anzugeben weiß. Aber bereits hier zeigt sich eine wunde Stelle, die noch empfindlicher schmerzen wird.

In der Achterbahn Platz genommen

Dieser Titel-Hat-Trick (eingeschlossen das zweite Doppel) läßt den ehemaligen Jäger jedoch zum Gejagten werden. Gegen den Meister mobilisiert jede andere Vertretung zusätzliche Kräfte. Immerhin ist es nicht alltäglich, gegen die derzeit beste Klubvertretung unseres Landes zu gewinnen. Besonders schwer wird die Saison 1978/79 zwar noch nicht, aber es gibt mit dem BFC Dynamo diesmal bereits eine um Nuancen bessere Mannschaft. 39 Punkte, die am Ende bei den Dresdenern auf der Habenseite stehen, hätten in 29 von den bisherigen 31 Serien zum Titelgewinn ausgereicht. Ausgangs der siebziger Jahre aber halt nicht! Vor allem gegen den neuen Meister kann Dynamo einfach nicht gewinnen. 1:1 und 1:3 heißt es um Punkte, 0:1 und 1:1 im Pokal. Der neue Trainer Gerhard Prautzsch tritt wahrhaftig ein schweres Erbe an. Schließlich werden seine Männer, die er aus jahrelanger Trainerassistententätigkeit bestens kennt, an einem halben Dutzend Meistertiteln gemessen. Legt man diese Elle an, so schneidet der Angriff diesmal nicht sonderlich gut ab. Gleich für drei erfahrene Stürmer, für Heidler, Riedel und Sachse, geht die aktive Laufbahn langsam zu Ende. Sie haben den Zenit ihres Könnens überschritten. Um die Spielfähigkeit und Altersstruktur der engeren Abwehr und des Mittelfeldes hingegen braucht sich Dynamo nicht zu sorgen. Allerdings fällt der Aufstieg der Talente schwerer als angenommen.

Besonders auf einer Position jedoch entbrennt ein heißer Kampf. Die beiden Torhüter Bernd Jakubowski und Claus Boden liefern sich ihn mit aller sportlichen Verbissenheit. Im Jahr zuvor verdrängt der ehemalige Rostocker seinen Rivalen anscheinend mühelos. Jetzt aber ist dessen Ehrgeiz erwacht. Zwischen den Pfosten hat Gerhard Prautzsch die Qual der Wahl! Zudem hält sowohl der eine als auch der andere einen Strafstoß ...

1979/80 aber setzt sich Jakubowski endgültig durch, trägt in allen 26 Partien die Nummer 1 auf dem Rücken. Diesmal pariert er gleich zwei Elfmeter. Das Fazit der Saison aber heißt: „Weiterer Qualitätsverlust". Und das trotz des Vizemeistertitels? Das ist nicht gemünzt auf die Zähler, die gegen jene Kontrahenten erobert werden, die auf den Rängen 3 bis 14 einkommen. Da nimmt sich eine Bilanz von 42:6 sehr ordentlich aus. Erneut aber stolpern die Spieler aus Dresden über die aus der Hauptstadt. Gegen die Berliner Dynamos gehen die Elb-Florenzer völlig leer aus (1:2 und 0:1). Mit einem Punkt Rückstand bleibt folglich Platz 2, obwohl ein erneuter Titelgewinn in greifbarer Nähe liegt. 23mal stehen die Dresdener auf der obersten Sprosse, führen nach zwölf Runden mit vier Punkten Vorsprung. Nur ein einziges Mal gelingt kein Tor — ausgerechnet im „Endspiel" in Berlin, als bereits ein Remis gegen den BFC genügt hätte. Aber: 0:1 geht das Spiel der Spiele verloren — aus der Traum von der siebten Meisterschaft.

Außerdem endet die Saison mit einem Novum. Erstmals ist Dynamo nach dem Gewinn der „inoffiziellen Herbstmeisterschaft" kein Titelträger geworden!

Voller Optimismus starten die Dynamos jedoch in die neue Saison 1980/81. Gerhard Prautzsch aber weiß schon vor dem ersten Spiel: „Wollen wir unseren Platz im Vorderfeld behaupten, müssen möglichst viele Akteure möglichst oft ihr Optimum erreichen. Große Hoffnungen setze ich dabei auf die Verfassung der Führungsspieler."

Als hätte der Trainer es geahnt. Zum ersten Mal nach dem Aufstieg vor zwölf Jahren bleibt Dynamo medaillenlos! Platz 4 hinter dem BFC, Jena und den punktgleichen Magdeburgern schmeckt so gar nicht nach den vielen fetten Jahren. Die Anhänger müssen sich an neue Namen gewöhnen. Gleich sieben Spieler geben ihr Oberligadebüt. Unter ihnen Ralf Minge, den Gerhard Prautzsch bei der TSG Gröditz entdeckt und nach Sonderplänen trainieren läßt. Minge, ein kraftvoller, dynamischer Typ, wird souveräner Torschützenkönig in der Bezirksliga und geht gleich in seinem ersten Oberligajahr auch in der höchsten Spielklasse auf Torjagd. Sechs Treffer gelingen dem Kopfballspezialisten in 15 Partien. Überhaupt ist das Dynamo-Ensemble trotz zahlreicher neuer Mitglieder auf lange Sicht entwicklungsfähig.

Platz 2 in der folgenden Saison 1981/82 beweist es prompt. Die Nesthäkchen werden flügge, benötigen dennoch ein wenig mehr Reifezeit. Aber mit der Strategie der Routiniers lassen sich taktische Ungereimtheiten der Lernenden auf ein Mindestmaß reduzieren. Und obwohl Reinhard Häfner über eine langwierige Verletzung klagt, nur in neun Spielen mit von der Partie ist, offeriert die Mannschaft System und Stil. Schließlich stößt in der Winterpause Hans-Uwe Pilz zu den Dynamos. Er, ein spielbegabter junger Mann, paßt genau in die Reihen der Schwarz-Gelben. Seine Mentalität, seine Spielauffassung sind „dresdentypisch".

Noch aber hat sich die sehr veränderte Mannschaft nicht stabilisiert. So kommt es im Spieljahr 1982/83 zu einer Talfahrt ohne Ende. Rang 7 steht hinter einer qualvollen Saison. Fünf Zähler weniger als im Vorjahr stehen auf der Habenseite, 17 Punkte hinter Meister BFC kommen die Prautzsch-Schützlinge ins Ziel. Unfaßbar! Es ist die schlechteste Plazierung seit 15 Jahren, die geringste Ausbeute seit 1967/68, als Dynamo mit 21 Punkten abgestiegen war. Das Experimentieren, das Umstellen nimmt, auch durch Verletzungen bedingt, kein Ende. 26 Akteure kommen zum Einsatz (der größte Spielerkreis aller Oberligisten), vier Liberos (Dörner, Petersohn, Schade, Schmuck) versuchen die oft aus allen Fugen geratene Abwehr zu kitten. Trotzdem kassieren Jakubowski und sein diesmal im Vordergrund stehender Schatten Jörg Klimpel 43 Gegentore. Vom gerühmten Kreisel war nicht viel zu sehen. Er kam einfach nicht auf Tempo, torkelte mehr, als er sich drehte.

Um so erstaunlicher die Rückkehr in die Spitze in der Saison 1983/84. Mit Hartnäckigkeit und Fleiß geht das neue Trainergespann Klaus Sammer/Dieter Riedel an die Arbeit. Viel an Selbstvertrauen ist bei den Aktiven verschüttet. Die beiden Strategen erfolgreicher Dynamo-Zeiten wissen um die teilweise sensible Psyche ihrer „Pappenheimer". Dabei beweisen der „Lange" und der „Kleine" viel Fingerspitzengefühl mit den aufstrebenden Talenten. Gleichzeitig aber auch eine gehörige Portion Mut. Jörg Stübner (24 Spiele) und Ulf Kirsten (11) kommen zum Zuge. Beide sind immerhin noch für die Juniorenmannschaft spielberechtigt. Doch schon stehen sie bei den Senioren ihren Mann! Die Trendwende zum Besseren wird auch vom Publikum honoriert. „Da Sammer wieder" heißt es überall, begleitet von „It's Sammer-Time". Kurvenreich wie auf der Achterbahn zeigt sich die

Leistung in diesen Jahren. Nach dem Sturz vor zwölf Monaten erklimmt der Dynamo-Expreß den Gipfel so sicher wie die Drahtseilbahn den „Weißen Hirsch".

Platz 2 zeigt deutlich: Dynamo ist wieder da! Und die Krönung dieser verheißungsvollen Saison ist die Ehrung von „Dixie" Dörner zum „Fußballer des Jahres".

Dieses Kunststück wiederholt der Kapitän im Jahr darauf ebenso eindrucksvoll. Erneut bildet er das Rückgrat der Elf. Ausgangs der Saison steht er zudem das 100. Mal in der DDR-Nationalmannschaft! Ist Platz 2 ob solcher Ereignisse deshalb ein Makel? Dabei sieht es zu Saisonbeginn äußerst gut aus. Zehnmal ist Dynamo bis zur elften Runde Spitzenreiter. Dann aber fehlt es an Widerstandskraft und an Behauptungswillen. Attraktiv, elegant, voller Spielwitz, ideenreich — das sind Attribute des Dresdener Spiels. Im gleichen Atemzug aber ist ein Störfaktor zu nennen, der sich schon des öfteren in Elb-Florenz einnistete: Leichtsinn! Das darf einer Spitzenmannschaft eigentlich nicht widerfahren. Wenn sie nämlich will, ist sie kaum auszurechnen. 14 Spieler tragen sich immerhin in die Torschützenliste ein. Soviel wie in keiner anderen Vertretung. Alle Reihen beschwören Torgefahr herauf. Ist dies das Sprungbrett zu neuen Höhenflügen?

Leider nicht, denn das Spieljahr 1985/86 bringt nach glänzendem Beginn eine Enttäuschung nach der anderen. Selbst Klaus Sammer ist entnervt, obwohl sein Filius Matthias einen glänzenden Einstand gibt. In seinem ersten Oberligaspiel schießt er sein erstes Tor (beim 1:0 bei Lok Leipzig zudem das „goldene") und wird mit acht Treffern zweitbester Dynamo-Schütze der Saison, obwohl er nur in 18 Spielen eingesetzt wird! Denn auch die Juniorenauswahl, die um EM-Fahrkarten kämpft, kann ihn nicht entbehren.

Anfangs strahlt die Sonne wie in besten Zeiten übers Dynamo-Stadion. Sechs Spiele — sechs Siege! Ein Start wie aus dem Lehrbuch. Mit dem sechsten Sieg feiern die Dynamos ein 4:1 über ihren Rivalen vom BFC! Das Polster ist bereits zu diesem frühen Saisonzeitpunkt auf drei Zähler angewachsen.

Aber da treiben die Dresdener mit Entsetzen Scherz. Schon drei Runden später ist der 1. Rang verspielt. Mittelmäßigkeit deutet sich an. Und das bei diesem Senkrechtstart! Alles Selbstvertrauen geht Schritt für Schritt in die Binsen. Es folgen 15 Spiele, in denen ein einziger Sieg protokolliert wird. Der Absturz in jene „Grauzone" ist perfekt. Und aus ihr gibt es bis zum Schluß kein Entrinnen. Die Gründe? Dörner und Häfner sind nicht mehr die Jüngsten, Minge ist des öfteren verletzt, Gütschow, der beste Schütze des Vorjahres, kommt erst im Frühjahr nach überstandener Operation in die Mannschaft zurück. Natürlich fehlt es auch ihm an Bindung, geht es doch zu wie in einem aufgeschreckten Hühnerhaufen. Zu allem Überfluß fällt auch noch Jakubowski als Stütze aus, weil er im EC-Spiel bei Bayer Uerdingen schwer verletzt wird.

Vieles, zu vieles, was in diesen Monaten gegen Dynamo spricht. Klaus Sammer, der vor drei Jahren die Elf in ähnlicher Verfassung übernahm und schnurstracks wieder nach oben führte, weiß sich keinen Rat.

Für ihn übernimmt Eduard Geyer, ebenfalls ein alter Dynamo-Kämpe, vor der Saison 86/87 die Geschicke der Dresdener Dynamos. Es ist das Jahr nach Hans-Jürgen Dörner. Und erwartungsgemäß haben die Dresdener eben auf der Position des Liberos in den nachfolgenden Monaten die größten Probleme. Wer soll das Spiel machen, den entscheidenden Paß in die Spitze schlagen, was „Dixie" bis dahin wie selbstverständlich übernommen hatte? „Wir werden die Verantwortung im Spielaufbau auf mehrere Schultern verteilen", deutet Eduard Geyer eine Variante an. Aber in der Herbstserie rollt es lange nicht wie erwünscht. Das wird nicht allein an den Resultaten deutlich, die können sich hin und wieder sogar sehen lassen. Viel gravierender ist, daß die Dynamos ihren Stil nicht mehr beherrschen, ängstlich taktieren, anstatt wie gewohnt beherzt anzugreifen. „Sorgen mit der Spiel-Eröffnung", nennt Trainer Geyer einen Grund. Wie dem auch sei — ihrem Publikum im Herbst '87 wieder internationale Spiele anzubieten, dieses Ziel haben Minge, Pilz (beide verlieren zwischenzeitlich ihre Plätze in der Auswahl), Häfner, Stübner und Döschner keineswegs aufgegeben. Nach Wiederbeginn setzen sie zu einem energischen Zwischenspurt an, holen zwischen dem 13. und 25. Spieltag nicht weniger als 22:4 Punkte aus 13 Begegnungen. Dresden kommt noch vor dem EC-Finalisten 1. FC Lok auf Rang zwei ein. Die Mannschaft hat also Wort gehalten...

Das doppelte Doppel

Dynamo Dresden schrieb an wichtigen Kapiteln der Pokalgeschichte mit

Rekordpokalsieger ist zwar der 1. FC Magdeburg (sieben Siege bei sieben Finalteilnahmen!), etliche andere Bestmarken jedoch befinden sich elbaufwärts im Besitz Dynamo Dresdens. Hans-Jürgen Dörner und Reinhard Häfner beispielsweise stehen gleich achtmal im Finale, Gert Heidler ist bei sieben Endspielen mit von der Partie. Walter Fritzsch, ein knappes Jahrzehnt Trainer der Schwarz-Gelben, führt die Mannschaft in sechs Finals (dazu mit dem SC Empor Rostock noch eine andere Elf 1960). Und daß die Dynamos wichtige Kapitel in der Pokalchronik zu schreiben wissen, belegen zwei Elfmeterschießen, als selbst nach Verlängerung noch kein Sieger gekürt werden kann.

Wieder weist der Vorläufer den Weg

Am 13. September 1952 machen sich die Dresdener auf den Weg nach Berlin. Tags darauf steht das 3. FDGB-Pokal-Endspiel auf dem Programm. Die Elf aus Sachsen gehört zu den Hauptdarstellern. Stolpersteine jedoch liegen zur Genüge auf dem Weg dahin, denn im Viertelfinale benötigt die SV DVP Dresden bei Motor Altenburg die Verlängerung, um mit 3:1 als Sieger den Platz zu verlassen. Gleichfalls 3:1 heißt es im Halbfinale bei Empor Wurzen-West. Nun sind am 14. September (der Pokal wird noch kalenderjahrweise ausgespielt) die Stendaler Lok-Männer der Kontrahent. Mit dieser Vorstellung jedenfalls reisen die Dresdener von der Elbe an die Spree ... Aber der Finalteilnehmer heißt plötzlich Einheit Pankow.

Wie das? Die Altmärker setzen im Halbfinale gegen die Nordberliner einen nicht spielberechtigten Akteur ein. Die Zeit drängt. So tagt an jenem 13. September die Disziplinarkommission und erklärt die Pankower zum Sieger und Pokalfinalisten.

Von ihrem Weg lassen sich die Dresdener jedoch nicht abbringen. 2:0 führen sie bereits nach 21 Minuten im neuen Stadion an der Normannenstraße in Berlin-Lichtenberg. 18 000 Zuschauer sind beeindruckt von der exzellenten Partie. „Lange sahen wir in Berlin kein so gleichmäßig besetztes, schnelles, technisch sauberes, harmonisch wirkendes Kollektiv." Dieses Lob aus der „fuwo" läuft den Spielern des Pokalsiegers wie Öl herunter. Der Vorläufer der jetzigen Dynamo-Elf weist also wie schon in der Meisterschaft auch im Pokalwettbewerb den Weg.

Das Novum heißt Doppel

Knappe 19 Jahre, bis zum Juni '71, dauert es, bis wieder eine Dresdener Dynamo-Elf das Endspiel erreicht. Wieder gibt es einen wenig verheißungsvollen Auftakt (3:2 nach Verlängerung bei Dynamo Eisleben). Aber Walter Fritzsch verlangt: „Jeder muß sich über die volle Distanz hinweg für den Tempo- und Spielrhythmus mitverantwortlich fühlen." Das beherzigen seine Spieler im weiteren Verlauf. Und nachdem in den Vorjahren stets schon im Viertelfinale ein Stopp kommt, marschieren die Dynamos diesmal bis ins Endspiel durch. Als Favorit — frischgebackener Meister ist die Elf ja schon — geht es gegen den BFC Dynamo, der im Titelkampf acht Ränge und 14 Punkte hinter den Elb-Florenzern einkommt. Das begehrte Doppel, bislang noch von keiner DDR-Mannschaft erreicht, ist nahe. Aber die Angreifer, auch der aus dem Mittelfeld kommende Torschützenkönig

Hans-Jürgen Kreische, treffen das Tor nicht. Erst Klaus Sammer, der „Lange" aus der Vierer-Abwehrkette, bricht nach 65 Minuten den Bann: 1:0! Aber nur genau fünf Minuten währt die Freude, dann ist der Gleichstand erneut da und dauert bis zum Schlußpfiff an — Verlängerung! Auch sie scheint keine Entscheidung zu bringen, denn nur noch Sekunden sind zu spielen. Da hält es erneut Klaus Sammer nicht in der Abwehr. Wieder stürmt er mit in den gegnerischen Strafraum und erzwingt per Kopf die Entscheidung. Das Doppel ist perfekt, die Freude riesig. Die Mannschaft hat erreicht, wovon am Saisonbeginn keiner zu träumen wagte.

Elfmeterdramatik mit Tränen

Nun aber beginnt ein Pokalleidensweg, der viele Enttäuschungen bereithält. Dabei sind die Dynamos die Mannschaft der siebziger Jahre. 1972 stehen sie erneut im Finale — verlieren gegen den FC Carl Zeiss nach der Führung Dörners durch zwei Treffer Peter Dukkes 1:2; zwei Jahre später gibt es die Revanche — doch wieder haben die Thüringer mit 3:1 nach Verlängerung das bessere Ende für sich; 1975 aber, da wollen sich die Dresdener wieder einmal schadlos halten. Sachsenring Zwickau ist der Kontrahent. Und Berlin, das „Stadion der Weltjugend", wo nun stets die Endspiele ausgetragen werden, ist ein angenehmes Dynamo-Pflaster. Aber mit ihrer Favoritenbürde werden die Elb-Florenzer wiederum nicht fertig. Die Nervenbelastung ist zu hoch. Nie findet die Mannschaft den erforderlichen Rhythmus, um den ehrgeizigen Kontrahenten auf Abstand zu halten. Selbst die zweimalige Führung wird einmal nicht bis zur 90., das zweite Mal nicht bis zur 120. Minute behauptet.

Was es bisher noch nie gab, muß nun zur Entscheidungsfindung herangezogen werden: ein Elfmeterschießen! Worauf lassen sich die Dresdener da ein! Schließlich steht mit Jürgen Croy im Gehäuse des Rivalen ein Weltklassemann. Während Wätzlich, Geyer und Kotte den Zwickauer überwinden, scheitern Weber und Dörner. Zuletzt trifft Croy gar selbst noch gegen Boden. Fassungslos stehen die Dresdener da. Für sie hält die Elfmeterdramatik nur Tränen bereit.

Erneut gewinnt der Meister den Pokal

Zwei Jahre später wird dieser Makel getilgt. Die sechste Finalteilnahme beschert den dritten Erfolg. 3:2 heißt es gegen den 1. FC Lok. Fünf Minuten vor dem Ende wähnen sich aber die Leipziger auf der Siegerstraße. 2:1 führen sie. Eine neuerliche Enttäuschung bahnt sich für Dresden an. Der Schlußspurt scheint nichts einzubringen. Aber da fällt der Ausgleich doch. Und Sachse „wäscht scharf nach", markiert 180 Sekunden vor dem Schlußpfiff den Siegtreffer. Erneut glückt das Doppel, nunmehr das doppelte Doppel. Was keiner anderen Elf gelingt, bringen die Dresdener nun schon zum zweiten Mal fertig!

Auf der Strecke hängt der Gesamterfolg jedoch am seidenen Faden. Bereits beim Aufgalopp benötigt Dynamo bei der TSG Gröditz eine gleich zweifache kalte Dusche, um wach zu werden. Zweimal laufen die Gäste einem Rückstand hinterher. Erst in der 84. Minute trifft Sachse zum erlösenden 3:2. „Urbanek wurde berühmtgeschossen", lautet die Schlagzeile im „Deutschen Sportecho". Der ehemalige Dresdener Schlußmann treibt seine früheren Mannschaftskameraden schier zur Verzweiflung. Dieter Riedel, der bei der TSG aufwuchs, meint: „Ich habe mit dem Ehrgeiz der Gröditzer gerechnet. Ich kenne sie ja ..."

Ein Jahr später, am 29. April 1978, schicken sich die Dynamos an, ihren Pokalgewinn zu verteidigen. Aber das gelang bisher nur dem 1. FC Magdeburg. Und genau diese Elf ist der Endspielkontrahent. Auch den Dresdenern gelingt es nicht, den Nimbus der Blau-Weißen zu brechen. 1:0 heißt es bereits in der 8. Minute für die Magdeburger. Diesen Rückstand egalisieren die Dynamos nicht mehr.

Elfmeterdramatik mit Jubel

In den folgenden drei Jahren leben die Dresdener „final-abstinent". Aber am 1. Mai 1982 geben sie erneut ihre Visitenkarte im „Stadion der Weltjugend" ab. Diesmal wohl in einer leichten Außenseiterrolle. Schließlich heißt der Kontrahent BFC Dynamo. Die Berliner, im zu Ende gehenden Titelkampf schon zu weit enteilt (am Ende sieben Punkte Vorsprung),

Horst Rau und Eduard Geyer (rechts) gemeinsam im Angriff im Spiel gegen den BFC. Beide blieben als Trainer dem Fußball aufs engste verbunden

„Dixie" Dörner wurde seiner Aufgabe in vielen Sätteln gerecht. Auch als Abwehrchef suchte er die Offensive und sorgte für so manche Überraschung. Rechts Hans-Uwe Pilz

Hans-Jürgen Kreische (rechts) schoß in 50 Länderspielen 25 Tore! 1973 gehörte er mit Peter Ducke (Nr. 9) der erfolgreichen Auswahl an, die gegen Rumänien in Leipzig 2:0 gewann und die WM-Endrundentikkets buchte

Jubelnder Hartmut Schade. Soeben erzielte er im olympischen Finale 1976 gegen Polen ein hochwichtiges Tor — der Weg zur Goldmedaille ist frei

Hans-Jürgen Dörner, über Jahre Kapitän der Nationalmannschaft, im Zweikampf mit dem Österreicher Roland Hattenberger. 1:1 hieß es in beiden WM-Qualifikationsspielen gegen das Austria-Team. Die DDR blieb 1978 in Argentinien Zaungast

36

Oft wurde Hans-Jürgen Kreische — viermal Oberliga-Torschützenkönig — gleich von zwei Gegenspielern attackiert, zu stellen vermochte ihn indes niemand so schnell

Dieter Riedel in seinem letzten Länderspiel. Belgien hieß der Kontrahent 1978 in Magdeburg. Obgleich beiden Mannschaften kein Treffer gelang, hatte der Flügelflitzer wie in dieser Aktion gegen Meeuws etliche gute Szenen

Kraftvoll zieht Hartmut Schade das Leder auf das gegnerische Tor. Der Mittelfeldspieler machte sich einen Namen als dynamischer Pendler zwischen den Strafräumen und wurde dennoch torgefährlich

Energisch, unerschrocken, draufgängerisch — mit diesen Tugenden eroberte sich Ulf Kirsten schnell einen Oberligastamm- und Auswahlplatz. Die Jenaer Jürgen Köberlein und Thomas Ludwig befinden sich auf der Verliererstraße

Erneut behauptet sich Hans-Jürgen Kreische im Zweikampf, diesmal gegen den Zwickauer Roland Stemmler

Immer wieder schlupfte Gert Heidler selbst durch die winzigsten Lücken in der gegnerischen Abwehr. Hier muß ihn der Magdeburger Stahmann ziehen lassen

Von diesem Tor gegen Nationaltorhüter Jürgen Croy schwärmte Klaus Sammer noch, als sich die beiden ehemaligen Auswahlspieler 1985 mit ihren Mannschaften als Trainer gegenüberstanden

Matthias Döschner hat Stürmerblut in seinen Adern. Im EC-Spiel gegen Atletico Madrid bekam dies selbst der erfahrene brasilianische Auswahlspieler Luiz Pereira zu spüren

Jörg Stübner, das große Talent im Mittelfeld, trug sich gegen den FC Metz in die EC-Torschützenliste ein — 2:1 steht es in diesem Augenblick

Zumeist nehmen die Nachwuchsvertretungen Dynamos in ihren Altersklassen einen vorderen Rang ein. Torsten Wude (rechts) und Steffen Gerstenberger machten in der Juniorenoberliga auf sich aufmerksam und absolvierten inzwischen Spiele mit der Nachwuchsauswahl „Unter 21"

Die Dynamo-Abwehr in Nöten. Jörg Stübner, Hans-Jürgen Dörner, Reinhard Häfner und Bernd Jakubowski behaupten sich aber in Gemeinsamkeit gegen den Rostocker Juri Schlünz

Sechsmal eroberten die Schwarz-Gelben die Pokaltrophäe des FDGB. Im 84er Finale gegen den BFC Dynamo gelang Kapitän Hans-Jürgen Dörner die 1:0-Führung per Freistoß. Sekunden später war der Libero „Untermann" in der jubelnden Spielertraube

43

Hart im Nehmen kann Ralf Minge sein, der Kopfballspezialist. Im Olympia-Qualifikationsspiel in Szczecin gegen Polen attackiert ihn sein Gegenspieler nicht gerade sanft

Freundschaftlicher Handschlag der beiden Kapitäne Hans-Jürgen Dörner – sein 59. von 100 Länderspielen – und Lucio Bizzini (Schweiz) vor dem EM-Treffen 1979 in Berlin. In der Mitte der französische Unparteiische Robert Wurtz

3:1 bezwang Dynamo im Pokalsiegercup den FC Metz. Gemeinsam bedrohen Ralf Minge (beim Kopfball) und Jörg Stübner das Gehäuse von Ettore

Zwei Partnerstädte trafen im UEFA-Cup 1981 aufeinander: Dynamo Dresden und Zenit Leningrad. Dresdens Vorstopper Udo Schmuck fand beim 4:1 im Rückspiel sogar des öfteren Gelegenheit, in den Angriff vorzurücken, diesmal unterstützt von Frank Schuster

Klaus Sammer und Gerhard Prautzsch in gemeinsamer Aktion gegen den FCK. Nach Walter Fritzsch trainierte zunächst Prautzsch, später Sammer die Oberligamannschaft

Er kam vom FC Hansa Rostock und zeigte jahrelang die Richtung an: Torhüter Bernd Jakubowski. Oft war er der Rückhalt in brenzligen Situationen und unterstrich seine Klasse mit hervorragenden Paraden

Sammer jun., mit Vornamen Matthias, wandelt auf Vaters Spuren. Gleich in seinem ersten Oberligajahr schoß sich der ehemalige Juniorenauswahlspieler mit acht Treffern in die Spitze der Torjäger und schüttelt hier den Erfurter Carsten Sänger im Laufduell ab

Ralf Minge diesmal in einer etwas anderen Rolle – als Abwehrspieler. Schlußmann Bernd Jakubowski bereinigt diese brenzlige Situation gegen die Leipziger Kühn, Altmann und Baum aber selbst

Reinhard Häfner in einer für ihn typischen Situation. Mit geschickter Körpertäuschung läßt er seinen Gegenspieler ins Leere laufen

brennen ihrerseits auf das Doppel. Schon lange vorher ist man gespannt auf einen spannenden Kampf. Zu allem Überfluß aber sind auf Dresdner Seite Kapitän Dörner und Döschner gesperrt. Wird mit ersatzgeschwächter Besetzung dem BFC beizukommen sein?

Die Elb-Florenzer machen aus der Not eine Tugend. Der erfahrene Schmuck übernimmt Dörners Rolle als Libero. Und Vorstopper Trautmann erzwingt sechs Minuten nach der Pause gar die Führung. Die Anhänger stehen kopf, denn dieser Vorsprung wird von Minute zu Minute behauptet. Nur noch fünf Minuten müssen die Dresdener dem Berliner Ansturm standhalten – aber dann ist der bravourös haltende Jakubowski doch geschlagen! 1:1 und Verlängerung, die wie schon sieben Jahre zuvor keine Entscheidung bringt. Erneut also Elfmeterschießen, erneut mit Dresdener Beteiligung. Welch eine dramatische Zuspitzung! Werden diesmal die Nerven halten? Oder bersten sie erneut? Schnell sind diese Fragen beantwortet: sie halten! Auch Bernd Jakubowski hält, und zwar den Schuß von Christian Backs. Dagegen treffen alle fünf Schützen in Schwarz-Gelb! Mittag, der ein erstaunlich selbstsicheres Spiel liefert, Schmuck, Trautmann, Gütschow und zuletzt, als der Kessel brodelt, Pilz. Erst wenige Monate trägt er den Dynamo-Dreß, und schon bewahrt er in solch heißem Augenblick kühlen Kopf. Diesmal endet die Elfmeterdramatik mit Jubel. Das Bild der beiden Helden dieses Dramas – Jakubowski trägt den um so vieles kleineren Pilz – geht durch alle Zeitungen.

Konzentration auf einen Höhepunkt

Jetzt geht es Schlag auf Schlag. Zwar unterliegt Dynamo 1982/83 im Halbfinale dem späteren Cupsieger 1. FCM, entthront diesen zwölf Monate darauf aber schon im Viertelfinale. „Dresden hat wieder seinen Hit", heißt es im „Deutschen Sportecho". Das denkbare Finale wird vorweggenommen. Seit 1966/67 stehen die Elb-Florenzer damit ohne Unterbrechung im Viertelfinale. Auch eine Leistung, vor der man den Hut ziehen muß.

Wie schon zwei Jahre zuvor, trifft Dynamo wieder auf Dynamo! Das Duell Dresden kontra Berlin erlebt seine Neuauflage. Diesmal jedoch reisen die Schwarz-Gelben in stärkster Formation an. Ein gutes Omen? Bis in die Schlußphase hinein allerdings vermag sich keine Elf einen Vorteil herauszuarbeiten. Zehn Minuten nur noch sind zu spielen, aber ein Tor ist weder hier noch da gefallen. Da aber schlagen die Routiniers zu! Freistoß für Dresden neun Minuten vor dem Ende. Dörner, der Kapitän, führt ihn aus. Alle rechnen mit einer Ablage – doch der Libero schießt aufs Tor. BFC-Schlußmann Rudwaleit ist überrascht, läßt das Leder passieren. Ist das die Entscheidung? Vom Anstoß weg inszenieren die Dresdener einen erneuten Angriff. Terletzki auf Berliner Seite geht regelwidrig zu Werke. Strafstoß nur 60 Sekunden nach der Führung. Spezialist Häfner bewahrt kühles Blut, vollstreckt sicher. Das ist die Entscheidung! Daran ändert auch der Anschlußtreffer durch Troppa nichts mehr.

Und weil es so schön und dramatisch zugleich ist, gibt es 1984/85 die dritte Auflage dieses Duells innerhalb von vier Jahren. Zum wiederholten Male greift der BFC nach dem Doppel, denn der siebte Titelgewinn in der Folge ist bereits unter Dach und Fach. Sechs Punkte beträgt der Vorsprung vor den Dresdenern, die sich ihrerseits wieder im Pokalwettbewerb schadlos halten wollen. Und das gelingt. Sicherlich noch überzeugender als zuvor, denn in einer gutklassigen, abwechslungsreichen Partie schießen Döschner, Stübner und Minge drei herrliche Treffer, denen die Berliner zunächst nur einen von Thom entgegensetzen, ehe zwei Minuten vor dem Ende Ernst das 3:2-Endresultat herstellt. „Wir wußten uns wie schon im Jahr zuvor auf den Höhepunkt zu konzentrieren", verrät Klaus Sammer das siegbringende Rezept. Außerdem nehmen die Dresdener einen neuen Pokal mit nach Hause, denn den alten (es war aber bereits der zweite seiner Art) durften sie bereits 1984 nach fünfmaligem Gewinn behalten. Nun mußte der FDGB-Bundesvorstand eine neue Trophäe stiften, die erneut in den Besitz der Dresdener übergeht. Endlich gelingt den Dynamos, was zuvor allein den Magdeburgern geglückt war, sie gewinnen den Cup zweimal hintereinander!

Der Traum vom Halbfinale

Das Publikum der zwölfte Mann (Europapokal der Meister)

Die Bilanz der Schwarz-Gelben im Europapokal der Meister kann sich sehen lassen. Fünfmal gehen die Dresdener an den Start, absolvieren insgesamt 22 Begegnungen, von denen sie neun erfolgreich gestalten, vier unentschieden spielen und neun verlieren. Überzeugend die Ausbeute im heimischen Dynamo-Stadion: Hier geht nicht eine einzige Partie verloren, und das gegen eine Konkurrenz, die fast durchweg zur europäischen Spitze zählt. Das Publikum ist Dresdens zwölfter Mann.

Keine Tulpen aus Amsterdam

In der Saison 70/71 erobert Dynamo Dresden den Meistertitel mit sechs Punkten Vorsprung vor dem FC Carl Zeiss. Die Fans der Schwarz-Gelben sind fast im siebenten Fußballhimmel, als schließlich mit einem 2:1-Sieg erstmals in der Geschichte des DDR-Fußballs das begehrte Doppel, Meisterschaft und Pokal, geholt wird. Mit dem nötigen Selbstvertrauen sieht man dann auch den ersten EC-Begegnungen mit Ajax Amsterdam entgegen. Ajax ist zu dieser Zeit zweifellos eine Elf der europäischen Spitzenklasse. Namen wie Krol, Neeskens, Haan, Cruyff, Keizer und andere bürgen dafür. 60 000 sind im Amsterdamer Olympiastadion beim ersten Aufeinandertreffen dabei, und nach 18 Minuten scheint bereits alles entschieden. Swart und Keizer schießen die Tore für einen komfortablen 2:0-Vorsprung heraus. Hans-Jürgen Kreische macht sich zum Sprecher seiner Mannschaft, als er später erklärt: „Gegen den Europapokalgewinner waren wir im Zweikampfverhalten, im Doppelpaß- und Kopfballspiel eindeutig unterlegen. Wir sind dennoch nicht chancenlos für das Rückspiel." Und Trainer Walter Fritzsch: „Unsere Abwehr fand keine Einstellung gegen das variable Angriffsspiel unseres Kontrahenten. Lehrgeld muß jeder zahlen."

Für das Rückspiel kann es nur eine Devise geben: bedingungslose Offensive. Vor 35 000 Besuchern haben Sammer und Ganzera mehrfach den Führungstreffer auf dem Fuß, der vielleicht das Ajax-Bollwerk zum Einsturz gebracht hätte. So bleibt es 0:0, und Trainer Walter Fritzsch kann sein Fazit ziehen: „Das Plus an technischer Perfektion, die größere taktische Reife gaben verdientermaßen den Ausschlag zugunsten unseres Kontrahenten."

Am Thron gerüttelt

Hartmut Schade steht mit einem Punktspieleinsatz zu Buche, als 1973 der nächste Meistertitel in die Elbestadt geholt wird. Die „fuwo" startet in der Vorstellung des Titelträgers auch eine Umfrage nach dem „Wunschgegner" im EC. Der Youngster legt sich auf Juventus Turin fest. Und der italienische Titelträger wird dann tatsächlich als erster Gegner aus dem Lostopf gefischt. Zoff, Marini, Capello und Anastasi bilden das Rückgrat der „alten Dame", wie Juventus auch genannt wird. Aber Bangemachen gilt nicht für Dynamo. „Juventus kann nur durch Tempo geschockt werden", lautet die taktische Marschroute für den Gastgeber, von Trainer Walter Fritzsch den Spielern wieder und wieder eingehämmert. Und tatsächlich — Geyer kocht Bettega ab, Ganzera den vielgerühmten Anastasi. Kreische und Schade erzielen schon vor der Pause das 2:0, das Endresultat. Im Rückspiel vollführen die Dresdener einen „Tanz auf dem Vulkan", wie die „fuwo" schreibt. Aber als Sachse schließlich nach 75 Minuten den zweiten Treffer für Dynamo erzielt, steht trotz der 2:3-Niederlage Dresdens Einzug in die nächste Runde fest. Hier wartet wieder ein Gegner europäischen Formats: Bayern München, in dessen Reihen nicht weniger als ein halbes Dutzend Spieler jener Mannschaft stehen, die ein Jahr zuvor in Brüssel Europameister geworden war. Die 55 000 im Olympiastadion von München erleben dann eine Vorstellung der Gäste, die sie nie und nimmer für möglich gehalten hätten. Die hochdotierten Beckenbauer, Schwarzenbeck, Müller, Hoeness werden herumgejagt, ausgespielt, auch wenn Bayern noch mit 4:3 gewinnt. Die Schlagzeilen sagen aus, wie stark Dynamo an diesem Abend war. „Dynamo lehrte Bayern das Gruseln", ist in der „Süddeutschen Zeitung" zu lesen. Und die „Welt" schreibt: „Alle Trümpfe liegen nun beim Dynamo-Team." Dresden reicht in der Tat ein 1:0, um den Sprung in die nächste Runde zu schaffen. Zwei Gründe sind es schließlich, die die Mannschaft in Dresden scheitern lassen: In der fast totalen Offensive wird das Risiko übertrieben. Bayern kontert zweimal zum Auftakt — und es steht 0:2. Zum zweiten: Nach der 3:2-Führung — Häfner erzielt sie — wäre ein kühler Kopf notwendig gewesen. Dynamo indes greift weiter an, kassiert das 3:3 und muß scheiden. Am Thron der „Großen" aber hat die Elf gerüttelt, das wird ihr überall bestätigt.

... und wieder knapp vorm Halbfinale

Der 22fache portugiesische Meister Benfica Lissabon ist im Herbst '76 Dresdens erster Gegner im EC der Meister. Draußen im Dresdener „Motel" bereiten sich die Gäste in aller Stille auf das erste Spiel vor. Der Olympiasieg der DDR-Elf in Montreal hat den Respekt wachsen lassen. Die Portugiesen versuchen es sogar mit konsequenter Manndeckung gegen Schade und Häfner, die sie bei Beobachtungen in den Punktspielen als die „Motoren" im Dresdener Spiel erkannt zu haben glauben. Es hilft ihnen nicht. Im Endspurt wackelt die Benfica-Abwehr, und zwölf Minuten vor dem Abpfiff gelingt Riedel dann schließlich sogar das Wunschresultat: Es steht 2:0. Mit diesem Vorsprung sind die Dresdener im Rückspiel nicht mehr zu gefährden. Benfica hat in seinem 100. EC-Spiel nicht eine einzige Torchance ...

Ferencvaros Budapest ist Dresdens Kontrahent in der zweiten Runde. Trainer Gerhard Prautzsch vertritt den erkrankten Walter Fritzsch. Er kann nach dem Hinspiel nur feststellen, daß mit „Pech und Unvermögen" ein fast sicher scheinender Erfolg ausgelassen wird. „Wir hatten Chancen für zwei Auswärtssiege", stellt Mannschaftsleiter Wolfgang Oeser fest. Das 0:1 hat indes nichts verdorben.

Das Urteil über das Rückspiel fällt DDR-Auswahltrainer Georg Buschner. „Eine Leistung, die fast nur Glanzpunkte hatte", kommentiert er das 4:0. Und Ferencvaros-Trainer Dalnoki stellt fest: „Dresden hat eine Mannschaft europäischen Formats." Ist das wirklich so? Die Begegnung mit dem FC Zürich um den Einzug in das angestrebte Halbfinale wird Aufschluß geben.

In der Züricher Niederdorf- und Zähringerstraße, rund um den Hauptbahnhof, herrscht in den Märztagen des Jahres '77 Allotria. Die Fastnacht läuft auf vollen Touren, die Narren intonieren eine schrille Musik. Dynamo Dresden auch. „Das Schwächste im laufenden EC-Wettbewerb", skizziert Trainer Walter Fritzsch die 90 Minuten, die mit einer 1:2-Niederlage abschließen. Aber „Dixie" Dörner bleibt optimistisch. „Es wird auch zu Hause schwer, aber wir können es noch schaffen."

3:2 wird es im heimischen Dynamo-Stadion am Ende des Rückspiels heißen. Zürichs Trainer Konietzka wundert sich über den „Spielraum, den unser Mittelfeld hatte", und Hans-Jürgen Kreische macht seiner Enttäuschung Luft: „Drei Tore müssen ganz einfach für ein Weiterkommen reichen." Sie reichen eben nicht. Und Dynamo hat wieder einmal die Chance ausgelassen, das Halbfinale eines EC-Wettbewerbs zu erreichen, weil sich die Mannschaft außerstande sieht, einen Vorsprung abzusichern.

Ein neuer Anlauf

Im Herbst 1977 gibt es einen neuerlichen Anlauf im EC der Meister. Halmstad BK, Schwedens Titelträger, eigentlich ein unbeschriebenes Blatt, gibt zuerst in Dresden seine

Visitenkarte ab. Dynamo gewinnt zu Hause „standesgemäß" mit 2:0, kann aber seine Schwierigkeiten nicht verdecken. Die Mannschaft setzt gegen die robusten Gäste fast nur spielerische Mittel ein, offeriert im Angriffsspiel immer einen Schnörkel zuviel. 14 Tage später erhält die Mannschaft um ein Haar die Quittung dafür. Im Dauerregen scheinen ihr schon die Felle davonzuschwimmen, als Heidler schließlich doch noch in der 63. Minute ein Treffer gelingt. 2:1-Sieg für den Gastgeber, aber Dresden ist weiter!

In der zweiten Runde wartet kein Geringerer als Englands Meister FC Liverpool. Der hat Aufstellungssorgen. John Toshack, der lange Mittelstürmer, ist verletzt. Die Dresdener sehen ihn im Pub ihres Liverpooler Hotels am Abend vor dem Spiel noch reichlich Bier trinken und sind deshalb der Auffassung, daß der lange Mittelstürmer keinesfalls spielen wird. Irrtum! Toshack wird zum überragenden Mann dieses Abends, liefert mit seinem exzellenten Kopfballspiel serienweise Vorlagen für die Schützen aus dem Hinterhalt, die dann auch genüßlich zuschlagen. 1:5 – ein Resultat, das sich selbst kommentiert. Im Rückspiel gewinnt Dresden endlich einmal gegen „Englands Stolz", wie Liverpool auch genannt wird. Aber es ist ein „Sieg ohne Jubel".

Als das Flutlicht ausfällt

Ein Jahr später, 1978, steht Dynamo erneut an der Startlinie zum EC I. Partizan Belgrad ist zuerst Gastgeber. Als im Partizan-Stadion für 20 Minuten das Flutlicht ausfällt, ist Dresden lange geschlagen. „Ich dachte, Dynamo kann es besser", meint hinterher Trainer Ante Mladenic leicht sarkastisch. Den Beweis liefern ihm die Elbestädter im Rückspiel, das trotz haushoher Dresdener Überlegenheit nur mit dem gleichen Resultat wie das Hinspiel endet – 2:0. Elfmeterschießen! Zum Helden des Abends avanciert Dresdens Torsteher Claus Boden, der die Schüsse von Trifunovic und Zavisic wegfischt.

Bohemians Dublin ist in der zweiten Runde keine Hürde. 0:0 in Dundalk, wo die „Bohs" ihr Hinspiel nach einer Auflage der UEFA austragen müssen. Das Rückspiel sieht einen ungefährdeten 6:0-Erfolg für unseren Meister. Erneut ist die Tür zum Halbfinale aufgestoßen.

Versperrt wird sie nur noch von Austria Wien. 35 000 Zuschauer erleben im Prater-Stadion, wie Austria praktisch bereits am Rande des Ausscheidens wandelt, nachdem es vier Minuten vor dem Abpfiff noch 1:1 steht. Bodenloser Leichtsinn in der Deckung der Dynamos erlaubt dann dem Gastgeber durch Zach und Schachner noch einen 3:1-Sieg, der auch im Rückspiel trotz klarer spielerischer Vorteile nicht mehr wettzumachen ist. „Seit zwei Jahren wurden wir von keiner europäischen Mannschaft derartig herumgehetzt", stöhnt Austrias Kapitän Robert Sara nach dem 0:1 in der Kabine. Den Dresdnern ist das kein Trost. Sie hatten im Sturmlauf auf das Austria-Tor sogar Torsteher Jakubowski eingewechselt, der vielleicht eine der unzähligen Eingaben mit dem Kopf eindrücken würde. Nichts half. Die Chance, das Halbfinale zu erreichen, glitt erneut wie Wasser durch die Finger ...

Bei der Premiere leider durchgefallen (Europapokal der Pokalsieger)

Es ist immerhin schon Dresdens 65. EC-Begegnung, als die Premiere im Wettbewerb der Pokalsieger stattfindet. Leichtes Spiel scheint sich mit BK 1893 Kopenhagen anzudeuten. Aber auch im Fußball gilt: das Fell des Bären ist nicht eher zu verteilen, bevor dieser getötet ist. 3:2 nur heißt es im ersten Spiel, denn im Dynamo-Stadion legen sich die Gastgeber „selbst die Fallen", wie es in der „fuwo" heißt. Dort herauszufinden sollte in Kopenhagen nicht schwerfallen. Dresden spielt lange Zeit hochüberlegen, führt die Dänen im Mittelfeld regelrecht vor – und verliert doch 1:2! Fazit von Trainer Gerhard Prautzsch nach diesem total überraschenden Ausscheiden: „Wir haben zwei Spiele verschenkt."

Dies nun soll beim zweiten Anlauf auf gar keinen Fall wieder passieren. Als im September '84 Malmö FF als Gegner für Dynamo ausgelost wird, will in der Elbestadt niemand so recht mit Voraussagen hinsichtlich des Weiterkommens herausrücken. Malmö ist zwölffacher schwedischer Meister und Pokalsieger dazu. Kein Wunder, daß die europäische Konkurrenz mit Respekt von dieser Truppe spricht. Auf knöcheltiefem Boden läuft das

Spiel Dynamos nicht im gewohnten Rhythmus. Klaus Sammer – für den neuen Trainer ist es die erste Begegnung im EC – bemängelt nach dem Abpfiff, daß seiner Mannschaft ein „Schuß Robustheit, Geradlinigkeit in den Aktionen gefehlt hat". Sein Kollege Tord Grip indes macht keinen Hehl aus seiner Meinung: „Aus den Chancen der Gäste hätte meine Mannschaft bestimmt drei, vier Tore gemacht." Da dies nicht geschah, muß nun versucht werden, ein 0:2 wettzumachen.

Die Elf der „großen Blonden" wird eine Stunde lang hin- und hergehetzt, findet keine Bande. 4:0 nach 62 Minuten! Wer hätte das gedacht? Klar, daß der Gastgeber nach seiner wilden Hatz da erst einmal verschnaufen muß. Aber mehr als den Ehrentreffer für die Schweden läßt Torsteher Jakubowski nicht zu. Malmös Trainer Grip am Ende der Zweitauflage: „Diese Leistung hätte ich Dynamo nun doch nicht zugetraut."

Gegen den FC Metz, den Sechsten der französischen 1. Division, soll bereits im Heimspiel das Fundament für das weitere Vordringen gelegt werden. Das fast unbeschriebene Blatt im EC – erst neun Spiele – entpuppt sich dann jedoch als eine Mannschaft, die mit ihren ausgeprägten spielerischen Potenzen gefällt, gleichermaßen überlegt und schnell Dresdens Ambitionen zu unterbinden sucht. Zumal Trautmann bereits nach neun Minuten ein Eigentor unterläuft. Ein Tor, das die Dresdener nur zu noch energischeren Attacken anstachelt, unter deren Wucht die Abwehr der Franzosen langsam, aber sicher zu bröckeln beginnt. Stübner und Häfner machen im Mittelfeld ein ganz starkes Spiel. Das Schlußresultat von 3:1 läßt die Schützlinge von Trainer Klaus Sammer voller Zuversicht in das lothringische Industrierevier fahren.

Hier zeigt sich, daß sich Dynamo inzwischen taktisch geschickt auf die Vorzüge des Kontrahenten eingestellt hat. In der tiefgestaffelten Dresdener Abwehr verfangen auch die bestgemeinten Metzer Angriffe. Kapitän Dörner später: „Wir haben den FC Metz durch das Verdichten der Räume gezwungen, vor unserer Abwehr immer wieder quer zu spielen. Kein Problem für uns, den Kombinationsfaden des Gastgebers zu zerschneiden." Das 0:0 schmeichelt dem FC Metz sogar, weil die Dynamos aus der Abwehr heraus zu gefährlichen Gegenattacken ansetzen.

Die zwei Gesichter Dynamo Dresdens

Der Bezwinger von Celtic Glasgow hat sich angemeldet! Tatsächlich verdient Rapid Wien schon Respekt. Denn wer die Schotten eliminiert, der muß schon etwas drauf haben. Entsprechend konzentriert geht Dynamo auch in die Aufgabe. 45 Minuten lang können die Wiener mit List und Tücke ihr Tor rein halten. „Ich dachte schon, wir hätten das Schlimmste überstanden", machte sich hinterher Vorstopper Kurt Garger zum Sprecher seiner Mitspieler. „Dann brach es doch noch über uns herein." In der Tat liefert Dynamo im zweiten Durchgang dieses Spiels eine Leistung, die das Publikum zu Beifallsstürmen auf offener Szene hinreißt. Hohes Tempo, Präzision in den Direktzuspielen, Positionswechsel am laufenden Band erschüttern das Gefüge der Rapid-Abwehr, die drei Gegentore nicht verhindern kann. Kirsten ist vielleicht *die* Entdeckung des Spiels.

Was sich dann im Rückspiel tut, dafür haben die Dresdener lange keine Erklärung. Warmmachen im ohrenbetäubenden Pfeifkonzert der 25 000 im Hanappi-Stadion – das macht vielen weiche Knie, bevor es überhaupt losgeht. Nach drei Minuten Strafstoßpfiff des französischen Schiedsrichters Delmer nach einer klassischen „Schwalbe" – auch das läßt keine Sicherheit aufkommen. Doch einen 0:5-Einbruch hätten selbst eingefleischte Pessimisten nie erwartet. Dynamo ist um eine bittere Erfahrung reicher. Wieder einmal ist damit die Chance auf das Erreichen des Halbfinales im EC vertan ...

Dresden denkt indes nicht daran aufzugeben. In der Saison 85/86 bietet sich erneut die Chance, sich in die Spitze der europäischen Klubmannschaften hineinzuspielen. Der Auftakt fällt schwer gegen Cercle Brügge. Die Belgier gelten zwar als Neuling im EC-Geschehen, ein Greenhorn sind sie keineswegs. Nur mit Glück und Geschick gelingt Dynamo nach einem 0:2-Rückstand in Brügge noch ein schmeichelhaftes 2:3, das für das Rückspiel scheinbar alles klarmacht. Nichts da. Cercle erweist sich auch in Dresden als eine gestandene Truppe. Ganz im Gegenteil! Dynamo muß sich mit dem Rücken zur Wand gegen die schwungvollen Attacken der Belgier verteidigen, gewinnt schließlich, aber so recht freuen kann sich niemand im Dresdener Lager darüber. Zu viele Fehler machte die Abwehr, zuwenig Initiative ging vom Mittelfeld aus, zuwenig Durchschlagsvermögen zeigte der Angriff. Bernd Jakubowski allein bewahrt die Schwarz-Gelben an diesem Abend vor dem Ausscheiden.

Rapid wiederholt sich

Wie stark ist HJK Helsinki? Zum ersten Male in der Klubgeschichte tritt Dynamo in Finnland an. Bei allem Respekt vor den Verbesserungen der Fußballer Suomis – das müßte doch zu schaffen sein ... Müßte. Im 75. EC-Spiel bietet Dynamo Dresden nach Auffassung von Assistenztrainer Dieter Riedel „eines der schwächsten Europapokalspiele überhaupt" und unterliegt völlig unerwartet mit 0:1. Wie stark da die Angst vor der eigenen Courage mitgewirkt haben mag, unterstreicht das Resultat der zweiten Begegnung. Mit 7:2 wird HJK regelrecht vom Platz gefegt! Pause also bis zum Frühjahr, dann der erneute Versuch, das lange angestrebte Halbfinale endlich, endlich zu erreichen. Das 2:0-Wunschresultat im ersten Spiel gegen Bayer Uerdingen scheint die Weichen gestellt zu haben, zumal die Dresdener nach der ersten Halbzeit des zweiten Spiels in der Gesamtrechnung sage und schreibe mit 5:1 (!) führen. Daß sie am Ende dennoch ausscheiden müssen, liegt wieder einmal am Unvermögen, Mannschaften Paroli bieten zu können, die mit der Brechstange kommen. Bayer Uerdingen macht das, als nur noch die Flucht nach vorn bleibt. Dresden geht einmal mehr in die Knie. Dabei war man dem angestrebten Ziel noch nie so nahe ...

Sprung auf die internationale Bühne (Messecup/UEFA-Pokal)

Es ist Frühjahr 1967. Im Leipziger Hotel „Astoria" tagt das Exekutivkomitee „Internationaler Messestädte-Cup". Auch Sir Stanley Rous, damals Präsident der FIFA, hält sich am Tagungsort auf, besucht von Leipzig aus die SG Dynamo Dresden. Eine Visite, die in die Annalen des Klubs eingehen wird, erklärt doch der FIFA-Präsident nach eingehender Besichtigung der Wettkampfstätten und anderer Einrichtungen, daß Dynamo Dresden künftig zu den Klubs im Wettbewerb der Messestädte gehören wird. Die Premiere findet schon ein knappes halbes Jahr später statt – vor 40 000 begeisterten Zuschauern empfängt Dynamo Dresden die renommierte Elf von Glasgow Rangers.

Zuviel Freude

Das Auftaktresultat kann sich sehen lassen: 1:1 gegen die schottischen Profis, und das nach 90 hochüberlegen gespielten Minuten. Aber für Überlegenheit gibt es nichts im EC! Die zweite Partie ist an Dramatik kaum mehr zu übertreffen. Hans Kreische macht im Ibrox Park in der 89. Minute den 0:1-Rückstand wett! In der überschwenglichen Freude vergessen die Dresdener offenbar, daß die Partie noch nicht zu Ende ist, und kassieren in der 90. Minute tatsächlich noch den zweiten Gegentreffer! Greig, der Mannschaftskapitän, ist der Schütze. Und den Dresdenern sollte dies eigentlich eine Lehre für die Zukunft sein ...

Eine Runde weiter

Drei Jahre später ist nicht gleich in der ersten Runde Endstation. Partizan Belgrad heißt der Kontrahent, der zuerst ausgeschaltet werden will. Und nach einem taktisch klug herausgespielten 0:0 in Belgrad (Trainer Fritzsch: „Unsere Außenstürmer fingen die gegnerischen Verteidiger diszipliniert ab.") wird das Rückspiel eigentlich nur eine Formsache. Bereits zur Pause führen die Dresdener mit 4:0, am Ende erleben die Jugoslawen mit 0:6 ein Debakel. Festzuhalten bleibt, daß Kreische in diesem Spiel seine ersten Strafstöße für die Schwarz-Gelben schießt. Gleich drei an der Zahl, und keiner geht daneben! In Runde zwei wartet Leeds United, eine der Spitzenmannschaften Englands. Die Schlagzeile im „Daily Mirror" ist nach der ersten Partie ebenso originell wie wahr: „Leeds brauchte Hans-Jürgen!" steht da zu lesen. Gemeint ist Dresdens Libero Dörner, dem ein Handspiel unterläuft:

0:1. Dennoch, das Resultat schmeichelt den Gästen. Die United macht einen Riesendruck, und es bedarf schon einer Superform des Dresdener Torstehers Kallenbach. Er verhindert mit Glanzparaden am laufenden Band einen Einbruch. Frank Richter gibt die taktische Marschroute aus, mit der die Mannschaft das Rückspiel bestreiten will. „Wir müssen bedingungslos Tempo machen, wenn wir den Rückstand aufholen wollen." Und Jack Charlton, 1966 zur Weltmeisterelf Englands gehörend und nun beim Tabellenführer der englischen 1. Division Libero, atmet nach dem Spiel im Dynamo-Stadion erleichtert tief durch: „Donnerwetter, haben mich die Kleinen herumgehetzt!" Denn nachdem Jones schon nach einer guten halben Stunde die Dresdener Führung durch Hemp egalisiert hat, gelingt Kreische zwar noch der Siegestreffer zum 2:1, aber die Auswärtstorklausel läßt Dynamo Dresden ausscheiden. Schade, da war mehr drin!

Im Viertelfinale

Aufgeschoben ist nicht aufgehoben. In der Saison 72/73, inzwischen heißt der Messecup UEFA-Cup, nimmt Dynamo Dresden einen neuerlichen Anlauf, und endlich gelingt es der Mannschaft, auch noch im Frühjahr dabeizusein, wenn sich die EC-Spreu vom Weizen getrennt hat. Doch der Reihe nach. Mit VÖEST Linz gibt erstmals eine Elf aus dem Alpenlande ihre Visitenkarte in Dresden ab. Der Gastgeber gewinnt zwar, aber Bäume reißt er beim 2:0 wirklich nicht aus. „Das Gleichgewicht der Kräfte im Mittelfeld wird ausschlaggebend dafür sein, ob wir die erste Runde überstehen", weiß Reinhard Häfner, der zusammen mit Eduard Geyer noch am besten aussieht. Und in Linz legen die Dynamos eine erste Halbzeit hin, die schlechthin als Maßstab für die kommenden Spiele dienen muß. Richter und Lichtenberger schießen schon vor der Pause einen klaren Vorsprung heraus. Am Ende steht es zwar nur 2:2, aber das objektive Linzer Publikum spendet dem verdienten Gesamtsieger spontan Beifall.

Das Überspringen der nächsten Hürde bereitet Dynamo Dresden noch weniger Sorgen. Schon im Hinspiel reicht es zu einem 1:0-Auswärtssieg (Torschütze Dörner/13.) gegen Polens Vertreter Ruch Chorzow. Nachdem die Gäste eine halbe Stunde lang in der Elbestadt Widerstand leisten, macht ein Kreische-Tor nach 45 Minuten den Weg frei zu einem 3:0-Schlußresultat.

Der Chef des dritten Klubs, dem Dynamo Dresden gegenübersteht, hat einen klangvollen Namen: Americo Maria Coelho Gomes de Sa – er ist Präsident des FC Porto. Und nach dem Hinspiel in Portugal läßt sich ebendieser Mann zu einem überschwenglichen Lob herbei. „Sie haben eine großartige Mannschaft", äußert er zu Trainer Walter Fritzsch, der nach seinen Beobachtungen davor gewarnt hat, sich in die Defensive drängen zu lassen. Da Dynamo das nicht tut, springt am Ende auswärts ein 2:1-Sieg heraus (Torschützen Richter und Kreische). Und obwohl es in Dresden nur zu einem knappen 1:0 reicht, kommt die „fuwo" zu der Auffassung: „Dies war der bisher wertvollste Erfolg der Dresdener, international gesehen." Im Frühling ist der übermächtige Rekordmeister Englands, FC Liverpool, der Gegner ... Die Vorzeichen auf Dresdener Seite stehen schlecht für diese Partie. Mit Häfner, Wätzlich und Sachse müssen gleich drei Aktivposten ersetzt werden, nach 46 Minuten fällt auch Kreische, vorher in bestechender Form, aus. Trotz der 0:2-Niederlage der Gäste kommt das „Liverpool-Echo" zu der Feststellung: „Eine der besten Mannschaften des Kontinents."

Viel Hoffnungen bleiben nicht, das Halbfinale zu erreichen. Die Auswärtsstärke des FC Liverpool ist bekannt. Und tatsächlich steht die Abwehr der Engländer im Rückspiel unerschütterlich. Dynamos Kurzpaßfolgen, ansonsten ein Markenzeichen der Elf, sind diesmal weit mehr Ausdruck von Ratlosigkeit, zumal Keegan in der 53. Minute die Gäste in Führung schießt. Nichts mehr zu machen – Dresden muß die Segel streichen.

Ein neuer Anlauf

Als im Juli '74 im Züricher Hotel „Atlantis" die Lose für den neuen Wettbewerb aus dem Topf gezogen werden, ist auch der frischgekürte FIFA-Präsident Havelange anwesend. Er erlebt, wie für Dynamo ein scheinbar leichter Gegner aus dem Sektkübel gefischt wird: Randers Freja. Aber welch ein Irrtum! Das 1:1 in

Dänemark (Torschütze Dörner) wird noch als normal empfunden. „Zu Hause werden wir's schon richten" — so nicht allein die Auffassung der Dresdener Spieler, für die es schließlich fast ein böses Erwachen gibt, als Minute für Minute verstreicht und trotzdem keiner der gutgemeinten Schüsse im Kasten des dänischen Torstehers landet. 0:0 das Schlußresultat: die Auswärtstorklausel spricht für Dynamo, aber das Weiterkommen läßt keine Jubelstimmung aufkommen ...

Der schon fast legendäre UdSSR-Trainer Gawriil Katschalin betreut ebenjene Elf, auf die Dynamo in der nächsten Runde trifft: Dynamo Moskau. Die traditionsbeladene Moskauer Elf kann ihrem guten Ruf in Dresden nur bedingt nachkommen, unterliegt mit 0:1. Aber Dynamo, speziell Reinhard Häfner, spielt an diesem Abend 46 Minuten lang auch in Glanzform. Lew Jaschin, legendärer langjähriger Torhüter der Moskauer, lobt Häfner. „Ein Mann der europäischen Spitze." Leider kann der Mittelfeldspieler in Moskau ganz und gar nicht an diese Leistung anknüpfen. Die 0:1-Niederlage nach Verlängerung führt zum Elfmeterschießen, in dem die Dresdener die besseren Nerven haben. Peter Kotte setzt mit dem vierten Strafstoß den Schlußpunkt. Dynamo hat es erneut geschaft: wenn auch mit Zittern und Zagen!

Im Auftakttreffen der dritten Runde ist nach elf Minuten alles entschieden. Gastgeber Hamburger SV geht nach Treffern von Björnmose (6.) und Volkert (11.) schnell in Führung. Hoffnung kommt noch einmal auf, als Schmuck verkürzt, aber noch vor dem Wechsel geraten die Dresdener mit 1:4 in Rückstand — zugleich das Schlußresultat. Bleibt den Fritzsch-Schützlingen eigentlich nur noch Hoffnung, sich wenigstens für die taktisch unzulängliche Vorstellung an der Unterelbe zu rehabilitieren. Aber das gelingt nur teilweise. Das 1:0 durch Dörner macht den Fahrplan klar, der da nur lauten kann: angreifen! Aber als erst Lichtenberger mit einem Strafstoß an Kargus scheitert, Dörner das gleiche Mißgeschick widerfährt, nachdem Kargus sich zu früh bewegt hat und der Elfmeter wiederholt werden muß, ist Dresden der Nerv gezogen. Zwei Kontertoren der Hamburger (jeweils ist Bertl zur Stelle) folgt schließlich das 2:2 — ein Resultat, das den beiderseitigen Leistungen entspricht.

Erneut Endstation Liverpool

31 Stunden sind sie mit der Bahn unterwegs, bevor sie in Mures eintreffen: Stefan Lanitz und Roland Bretschner, zwei Fans aus Dresden. Sie erleben, wie ihre Truppe bei ASA Tirgu Mures relativ ungefährdet ein 2:2 erreicht, sogar noch eine Handvoll bester Chancen ausläßt, und sind durchaus zufrieden. Das Rückspiel steht ganz im Zeichen des Gert Heidler, der die „beste Leistung seit Monaten", so Trainer Walter Fritzsch, mit drei Treffern krönt, maßgeblich zum Endresultat von 4:1 beitragend. Heidler ist auch beim nächsten Kontrahenten gleich zweimal erfolgreich. Gegen Honved Budapest erzielt er die Treffer beim 2:2, und Karoly Soos, in den sechziger Jahren Auswahltrainer in unserer Republik, lobt die „großartige Dresdener Mannschaftsleistung". Beim Rückspiel ist der große Atem der Budapester Vorstellung indes nicht zu spüren. Dörner erzielt das 1:0 und wird anschließend vom Platz gestellt. Die Aussichten für die Runde drei sind danach nicht die rosigsten, zumal Torpedo Moskau in Dresden seine Visitenkarte abgeben will. Doch gelingt den Schützlingen von Trainer Walentin Iwanow, vielfacher Nationalspieler, recht wenig. Dresden, zu Hause wie zumeist sehr stark, schießt einen klaren 3:0-Vorsprung heraus, und für die Rückpartie — wegen der winterlichen Temperaturen in Moskau auf der Krim, in Simferopol, ausgetragen — scheint alles klar zu sein. Welch ein Irrtum! Es bedarf schon einer Glanzleistung von Torsteher Claus Boden, der die 1:3-Niederlage zwar nicht verhindern kann, der aber so stark hält, daß Torpedo aus einem guten Dutzend Chancen keine weiteren Treffer macht. Er ist der Held dieses Spiels und wird auf dem Rückflug entsprechend gefeiert.

Erneut wird die Mannschaft gegen Englands vielfachen Meister ausgelost. Erstes Spiel in Dresden, aber die Vorzeichen stehen wieder alles andere als günstig, fallen doch mit Dörner, Wätzlich und Kreische gleich drei Säulen aus. Aber der befürchtete Substanzverlust tritt nicht ein. Dresden imponiert mit einem klaren spielerischen Übergewicht in der gesamten zweiten Halbzeit — ins Tor trifft keiner. Liverpool ist mit einem blauen Auge davongekommen. Im Rückspiel dann geht Dynamo unter der Angriffswucht der Engländer wieder einmal in die Knie. 1:2 nur heißt es am Ende gegen Dynamo, aber Toshack, der 20jährige Case, Callaghan und andere führen einen Angriffstanz auf, bei dem die Dresdener nicht mithalten können …

Mit spanischer Grandezza

Die Auslosung im Wettbewerb 79/80 beschert als ersten Gegner Atletico Madrid. Im Stadion „Vicente Calderon" muß zuerst gespielt werden. Hier haben in der Vergangenheit im EC nur vier Mannschaften gewonnen: Juventus Turin, Spartak Moskau, Eintracht Frankfurt und Englands Meister Derby County. Nun also Dynamo! Die spanische Zeitung „Diario Grafico Deportivo" kommt einen Tag nach dem Spiel nicht aus dem Staunen heraus. Dresden hat in Madrid mit 2:1 gewonnen, und die Überschrift lautet schlicht und treffend: „Atletico war ohne Chance!" Häfner und Kotte vor allem machen das Treiben verrückt; das Dresdener Mittelfeld läßt seine Kontrahenten mit ständiger Störarbeit nicht zur Entfaltung kommen.

In Dresden wird Atletico regelrecht überfahren. 21:0 Torschüsse, 14:2 Ecken, 3:0 Tore. Die erste Begegnung mit dem DDR-Fußball nach 1962 war für die Spanier eine sehr aufschlußreiche … Fritz Seipelt, Österreicher und langjähriger Vorsitzender der Schiedsrichterkommission der UEFA, ist für dieses Spiel als Beobachter eingesetzt. Sein Urteil: „Dresden ist internationale Klasse!" Diese Einschätzung kann die Mannschaft leider in der 2. Runde nicht bestätigen. Gegen den VfB Stuttgart langt es nur zu einem 1:1. In Stuttgart dominieren die Dresdener klar, lassen kein Gegentor zu, erzielen aber selbst keinen Treffer. Was nützt da das Lob, das beispielsweise die „Stuttgarter Nachrichten" spenden?

Die große Enttäuschung

Der Wettbewerb 80/81 hält vielleicht eine der größten Enttäuschungen der Schwarz-Gelben im EC überhaupt bereit. Zu Beginn ist freilich noch nicht daran zu denken. Jugoslawiens Vertreter Napredak Krusevac wird in zwei Spielen jeweils mit 1:0 bezwungen, das 1:1 beim FC Twente/Enschede in der Runde 2 ist die Basis für das Weiterkommen in die nächste, auch wenn zu Hause mit nervösem Spiel nur ein 0:0 gelingt. „Wir wollten Fehler vermeiden, spielten aber zu zurückhaltend", so Regisseur Reinhard Häfner.

Noch im Herbst dann Standard Lüttich. Der Österreicher Ernst Happel hat ein erstklassiges Ensemble formiert, unter anderem mit dem Niederländer Tahamata und dem Isländer Sigurvinsson. Aber in Belgien hinterlassen die Dresdener einen glänzenden Eindruck. Nach dem 1:1 kommt Ernst Happel zu der Schlußfolgerung: „So spielte im ‚Sclessin' bisher noch keine Mannschaft auf." Was Wunder, daß die Dresdener dem Rückspiel optimistisch entgegensehen. Dann aber kommt alles ganz anders. Der überragende Sigurvinsson hat im Mittelfeld einfach zuviel Spielraum, schießt drei Treffer selbst und führt großartig Regie. Das 1:4 löst alle Dresdener Träume in Nichts auf.

Vorerst letzter Start

In der Saison 81/82 startet Dynamo Dresden dann zum vorerst letzten Male im UEFA-Cup. Der Einstieg gelingt dabei nach Wunsch. Gegen Zenit Leningrad reicht es auswärts zu einem nie erhofften 2:1, zu Hause dann kommen die Dörner und Co. zwar gegen die schnellen Gäste ab und an in Verlegenheit, sichern sich aber einen klaren 4:1-Sieg. Bei aller gebotenen Sachlichkeit rechnet man sich auch gegen den nächsten Kontrahenten, Feyenoord Rotterdam, Chancen aus. Feyenoord ist gegenwärtig nicht mehr als eine Durchschnittself, im internationalen Maßstab gesehen. Deshalb werden die Elbestädter auch nach der 1:2-Niederlage in Rotterdam nicht unruhig. Aber Dresden entwickelt sich mehr und mehr zum „Spätverlierer". Zu Hause gehen die Schützlinge von Trainer Gerhard Prautzsch zwar erst in der 85. Minute in Führung, wähnen sich jedoch am Ziel ihrer Wünsche — bis Döschner ein folgenschwerer Abspielfehler in der eigenen Hälfte unterläuft. Feyenoord kontert blitzschnell, schießt durch Balkestein in der 90. (!) Minute das 1:1, und Dresden hat den Schwarzen Peter in der Hand. Wann endlich werden Lehren aus derlei unkonzentriertem Spiel gezogen?

Nachwuchspflege im Klub

Die sportliche Laufbahn von Torsten Wude, dem fast 21jährigen stämmigen Abwehrspieler, ist charakteristisch für die Nachwuchsarbeit bei der SG Dynamo Dresden. Mit sechs Jahren begann Torsten bei Lok Riesa und bei seinem Vater, der dort als Übungsleiter tätig ist, mit dem Fußballspielen. Er mauserte sich und wurde 1975 zur BSG Stahl Riesa delegiert, spielte in der Kinder- und Schülermannschaft. Auch hier machte er auf sich aufmerksam. So führte ihn 1978 der Weg zur SG Dynamo Dresden und in die KJS „Artur Becker". Schulabschluß und berufliche Ausbildung als Maschinen- und Anlagenmonteur bildeten mit der weiteren leistungssportlichen Entwicklung jene Einheit, die wir von jungen Sportlern fordern. Torsten Wude schaffte den Sprung in die Juniorenauswahl unserer Republik, wurde deren Kapitän und führte seine Mannschaft in die Gruppenspiele zur EM. Eine Verletzung verzögerte seinen weiteren Weg im Klub; über die Ligavertretung von Dynamo aber profilierte sich Torsten und bot sich dem Trainer durch gute Leistungen schließlich auch für den Einsatz im Oberligakollektiv an.

Am Beispiel von Torsten Wude macht Heinz Sauerbrei, Jugendleiter bei Dynamo Dresden und Übungsleiter der 1. Förderstufe (die 2. Förderstufe leitet Klaus Müller), die zielgerichtete, kontinuierliche Nachwuchsarbeit der SG Dynamo Dresden deutlich. Nachwuchsbasis sind eine Juniorenmannschaft, zwei Jugend-, zwei Schüler-, zwei Knabenmannschaften und drei Kindermannschaften. Diese Zahl der Mannschaften erwies sich für Dynamo als effektiv und realistisch, ermöglicht eine Konzentration dieser so wichtigen Arbeit. Deren Ziel ist es nicht vorrangig, bei Meisterschaften, im Pokal und bei Spartakiaden nach Titeln und Medaillen zu streben (obwohl solche Erfolgserlebnisse für junge Fußballer wichtig sind und stimulierend wirken), die Anstrengungen der teils recht prominenten Übungsleiter und Trainer im Nachwuchsbereich zielen vor allem darauf, für einen möglichst nahtlosen Übergang der Fußballbuben von den jüngsten Spielklassen über die Juniorenoberliga in das Oberligakollektiv und in die Auswahlmannschaften der Republik Sorge zu tragen, also der weiteren Profilierung der talentiertesten Kader Hauptaugenmerk zu schenken. Wie gut das teilweise schon gelang, zeigen in jüngster Zeit hoffnungsvolle Akteure wie Jörg Stübner, Ulf Kirsten, Matthias Sammer und Karsten Neitzel.

Die Basis der Nachwuchsarbeit für Dynamo liegt im ganzen Bezirk, zum Teil auch in Dynamo-Vertretungen außerhalb der Bezirksgrenzen. Eine Broschüre, vor 13 Jahren zum 20jährigen Bestehen der SG Dynamo Dresden herausgegeben, nannte 35 Gemeinschaften, die junge Leute nach Dresden delegierten. Derzeit konzentriert sich diese Arbeit vorrangig auf solche Gemeinschaften, in denen Trainingszentren bestehen: auf Dynamo Gera, Dynamo Eisleben, Stahl Riesa, Lautex Neugersdorf, Empor Tabak Dresden (TZ Dresden-Ost), Dynamo Heide (TZ Dresden-Nord), Robotron Radeberg (TZ Dresden-Land), Dynamo Görlitz, Dynamo Meißen und die TSG Gröditz als jeweilige Trainingszentren ihrer Kreise. Mit diesen Gemeinschaften bestehen langjährige Verbindungen. Mit ihren Trainern und Übungsleitern werden kontinuierlich sportfachliche Fragen und auch solche der Erziehung der jungen Sportler beraten, gemeinsam werden Beschlüsse gefaßt und realisiert. Genannt werden muß hier auch das gute Verhältnis zwischen Dynamo und dem Kreis- und Bezirksfachausschuß Fußball. Alle Partner betrachten die Nachwuchspflege des Klubs als gemeinsames Anliegen. BFA-Mitglied Lothar Müller, einst selbst ein guter Oberligaspieler, kennt die Probleme aus dem Effeff. Und die Tatsache, daß Bernd Kießling, einer der Stellvertreter des Vorsitzenden der SG Dynamo

Dresden, gleichfalls dem BFA Fußball angehört und so die Probleme seiner SG direkt an den richtigen Mann bringen kann, hat sich noch immer als gut, weil effektiv erwiesen.

Als gut, weil erfolgreich, kann man auch die Arbeit jener Funktionäre bei Dynamo Dresden einschätzen, die sich meist schon seit vielen Jahren um den Fußballnachwuchs bemühen. Heinz Sauerbrei (ihn nannten wir bereits kurz) ist einer von ihnen. Er war 17 Jahre bei Empor Dresden-Mitte als Übungsleiter im Nachwuchs- und Männerbereich tätig, trainierte dann bei Dynamo die 1. Jugendmannschaft und konnte seine Schützlinge zu 14 Medaillen im Meisterschafts- und Pokalgeschehen sowie zu acht Medaillen mit der Bezirksauswahl führen. Noch wichtiger ist jedoch, daß bekannte Fußballer, wie Hans-Jürgen Dörner, Christian Helm, Claus Boden, Klaus Müller, Hartmut Schade, Matthias Döschner, Karsten Petersohn und Volker Schmidt, von ihm betreut wurden, in ihrem weiteren Weg zum Leistungssportler auch ein Stück seiner engagierten Arbeit steckt.

Die Juniorenmannschaft der SG Dynamo Dresden, bis zum Ende der abgelaufenen Saison von Eduard Geyer und Wolfgang Gärtner betreut, erwies sich ihren Vorgängern würdig, die 1962, 1972, 1981, 1982 und 1985 Juniorenmeister der DDR wurden und sich auch zweimal den „Junge Welt"-Pokal sicherten. 1986 holten sich die Dynamo-Junioren die Bronzemedaille und erreichten wieder das Finale um den „Junge Welt"-Pokal, das sie gegen den 1. FC Lok Leipzig mit 4:2 gewannen. Außerdem erfolgreich die Jugendmannschaft, die in der Meisterschaft ebenfalls Dritter wurde.

All diese und andere Erfolge sind nur möglich, weil viele ehemalige Leistungsfußballer heute mit viel Liebe und Einsatz als Übungsleiter im Nachwuchs der SG Dynamo Dresden tätig sind. Unter anderem auch Arnolf Pahlitzsch (52). Er spielte in den fünfziger Jahren bei Lok Leipzig und kam 1957 nach Dresden. Bei Dynamo als Halbstürmer eingesetzt, bestritt er Spiele in der Bezirksliga, der 2. und 1. Liga und schaffte 1964 mit dem Aufstieg zur Oberliga. Ein Jahr danach vom aktiven Sport verabschiedet, wurde er Übungsleiter der Stufe IV und trainierte mit Harald Fischer die Jungen der AK 13/14. Mit ihnen wurde er dreimal DDR-Meister (1975, 1979 und 1984), zweimal (1979 und 1983) Spartakiadesieger und zweimal Zweiter bei der Spartakiade. Gemeinsam mit Michael Weiß trainiert Arnolf Pahlitzsch heute die AK 14. Mit dem Titel „Vorbildlicher Übungsleiter des DTSB der DDR" wurde 1983 Rudi Härtelt ausgezeichnet. Damit wurde seine Arbeit im Nachwuchs der SG Dynamo Dresden geehrt, die er seit 1967 als Übungsleiter der Stufe IV leistet. Auch er war zuvor bei Dynamo Dresden – als Rechtsaußen – aktiv, spielte zuletzt in der Oberligareserve als Verteidiger und findet heute noch Spaß am Ball in der Altliga. Er gewann 1980 mit der Jugend Bronze, 1981 mit den Junioren Gold und 1982 mit den Schülern die Silbermedaille und trainiert heute mit Hans-Jürgen Kreische die Jungen der AK 15.

Womit wir zugleich bei Prominenten des DDR-Fußballs sind, die früher Schlagzeilen machten und heute bemüht sind, ihr Wissen und Können an junge Fußballer weiterzugeben. Zum Beispiel Hans-Jürgen Kreische: Er wurde viermal (1970/71, 1971/72, 1972/73 und 1975/76) Torschützenkönig unserer Oberliga und erzielte in seiner aktiven Laufbahn 127 Oberligatore. Wenn also seine Jungen der AK 15 sich bei „Hansi" richtig abschauen, wie man Tore erzielt, haben sie schon ein gutes Stück auf dem Weg zum späteren erfolgreichen Fußballer getan! Wobei sich Hans-Jürgen Kreische in bester Gesellschaft befindet, stehen doch in der Liste jener Männer, die früher bei Dynamo Dresden für Fußballruhm sorgten und heute Trainer sind, bekannte Namen. Horst Brunzlow zum Beispiel, Anfang der siebziger Jahre Trainer der 1. Schülermannschaft, heute DFV-Trainer, auch Siegfried Gumz, Harald Fischer, Assistenztrainer bei Fortschritt Bischofswerda, Eduard Geyer, mit Beginn der neuen Saison Oberligatrainer bei Dynamo, Klaus Sammer und Dieter Riedel, bis Ende der Saison 85/86 das Trainergespann der Dresdner Dynamos, Wolfgang Oeser, Klaus Zimmermann, Jürgen Straßburger, Manfred Schmerbach und noch andere.

Sie alle haben Anteil daran, daß Dynamo Dresden in den vergangenen Jahren national und international einen guten Fußball spielte und seit vielen Jahren leistungsstarke Kader für die Auswahlmannschaften der DDR stellte und stellt: Kreische, Sammer, Häfner, Schade und Dörner, um die bekanntesten zu nennen, später Pilz, Minge, Stübner und Kirsten. Berufungen zu Nachwuchsauswahlmannschaften erhielten junge Leute wie Wude, Löpelt, Gottlöber und Förster, ganz „aktuell" sind derzeit weitere Dresdner Youngster: Karsten Neitzel, Matthias Sammer, Thomas Ritter, Jörg Prasse und Uwe Jähnig, die 1986 mit der U 19 Europameister in Jugoslawien wurden. Im gleichen Jahr stehen in der U 18 von Dynamo Dresden, Matthias Maucksch, Rocco Milde, Ralf Hauptmann und Sven Riedel, in der U 17, als U 16 Vierte in der Europameisterschaftsendrunde, spielen Mario Kern, Thomas Benedix und Uwe Jähnig, in der 87er U 16 schließlich vertreten Zücker und Uhlemann die SG Dynamo.

Großer Wert wird auf einen vielseitigen Ausbildungsstand der jungen Fußballer gelegt. Ziel dabei ist, sie nicht nur sportlich zu hohen Leistungen zu befähigen, sondern sie im gleichen Maße auch auf politischem, schulischem und beruflichem Gebiet zu qualifizieren. Um das zu gewährleisten, ist der ständige Kontakt zu allen Erziehungsverantwortlichen selbstverständlich. Elternhaus, Schule und Betrieb halten mit der Leitung der Sportgemeinschaft engen Kontakt; seit langem ist es üblich, daß Elternversammlungen stattfinden, die vom Elternaktiv organisiert und gestaltet werden. Das garantiert im gesamten Kinder- und Jugendbereich der Sportgemeinschaft eine gute, kontinuierliche Entwicklung. Jugendleiter Heinz Sauerbrei schätzte diese Form der kollektiven Arbeit ein als große Hilfe bei der Erziehung der Nachwuchskicker.

Eine sehr gute Verbindung besteht zwischen der SG Dynamo Dresden und der Kinder- und Jugendsportschule „Artur Becker". Das zahlt sich für beide Seiten aus, garantiert der Sportgemeinschaft eine gute, zielgerichtete Unterstützung. Rund 50 junge Fußballer von Dynamo sind derzeit an der KJS, das macht deutlich, wie wichtig hier die erfolgreiche Kooperation mit dem Direktor, den Lehrern und den Erziehern im Internat ist. Man trifft sich wöchentlich zu Aussprachen, zu Auswertungen und zur Abstimmung darüber, ob zwischen sportlichen und schulischen Leistungen auch die richtige, weil erforderliche Übereinstimmung besteht, denn nicht nur gute Sportler sollen die Schule verlassen, sondern auch junge sozialistische Persönlichkeiten. Am gleichen „Strang" ziehen auch der VEB Strömungsmaschinen und die Kommunale Berufsschule I. Sie bilden die jungen Dynamo-Fußballer beruflich zu Maschinen- und Anlagenmonteuren aus und vermitteln auch jenen das Rüstzeug, die später studieren möchten. Mit dem Ziel vielleicht, dann, wenn die „Töppen" an den berühmten Nagel gehängt werden, als Übungsleiter oder Trainer mit jungen Fußballern zu arbeiten.

Bis dahin aber hat es noch Zeit, noch liegen – so hoffen die Jungen sicher – sportliche Erfolge vor ihnen, mit denen sie den Fußball ihrer Sportgemeinschaft Dynamo, ihrer Heimatstadt Dresden und der DDR vertreten können. Das verlangt Arbeit, Anstrengungen im Training, auch in der eigenen gesellschaftlichen und politischen Weiterbildung. Deshalb spielt die Tätigkeit in der Freien Deutschen Jugend auch für Dynamos Nachwuchsfußballer eine bedeutende Rolle. Karsten Neitzel, Heiko Löpelt, Rene Groß und Sven Riedel wurden in die Leitung ihrer FDJ-Grundorganisation gewählt, planen, beschließen und organisieren also mit ein frohes, sinnerfülltes Jugendleben und die ständige politisch-ideologische Erziehung. Deshalb stehen der Besuch von Museen, von Gedenkstätten des antifaschistischen Widerstandskampfes mit auf der Tagesordnung, auch der von Konzert, Schauspiel und Oper. Schließlich befinden sich so herrliche Kulturstätten wie Dresdens Semperoper sozusagen vor der Haustür. Und damit man nicht auf „Schmalspur" läuft und denkt, der Fußball sei der einzig richtige Sport, gibt es auch Besuche bei Sportveranstaltungen des SC Einheit Dresden. Es ist auch und gerade für Fußballer nützlich, am Beispiel und an den Erfolgen anderer Leistungssportler zu erkennen, daß die Sportler unseres Landes eine gemeinsame Aufgabe haben: die Republik international würdig und mit Erfolg zu vertreten. Ein Ziel, das zu erreichen sich auch bei Dynamo Dresden die Fußballbuben – von den Jüngsten bis hin zu den Spielern der Juniorenoberliga – vorgenommen haben und das zu erreichen sich viele Trainer, Übungsleiter und Funktionäre im Nachwuchsbereich tagtäglich mühen.

Bevor der „Kreisel" in Schwung ist

Es ist im Frühsommer 1986, als die DDR-Juniorenauswahl das entscheidende EM-Qualifikationsspiel im schwedischen Värnamo auszutragen hat. Bevor der belgische Schiedsrichter Constantin das Leder freigibt, taucht ein junger Mann bei der DDR-Elf auf, der sich nach den Spielern von Dynamo Dresden erkundigt. Abe Kallenberg heißt er, ist Nachwuchstrainer beim vielfachen schwedischen Titelträger Malmö FF.

Kallenberg hat in den letzten Jahren alle EC-Spiele der Dresdener gesehen, nachdem er die Schwarz-Gelben 1978 beim Heimspiel gegen Partizan Belgrad beobachtete. „Schöner kann man kaum spielen", meinte er begeistert und versuchte danach dem „Geheimnis" des Dresdener Kreisels auf die Spur zu kommen, der ja nicht allein attraktiven Fußball bot, sondern auch, wie fünf Meistertitel, diverse Erfolge in EC-Spielen auch gegen renommierte Kontrahenten der europäischen Spitze ausweisen, überaus erfolgreich war.

Der „Erfinder" des Dynamo-Kreisels ist ohne Zweifel der inzwischen 66jährige Trainer Walter Fritzsch, der indes darauf verweist, „das Fahrrad nicht neu konstruiert zu haben. Ich stamme aus Planitz, und hier wie überall im sächsischen Raum fühlte man sich dem Kombinationsfußball schon immer auf besondere Art verbunden." Es steht außer Frage, daß gerade Dynamo Dresden eine der wenigen Mannschaften in unserer Oberliga ist, die seit Jahren einen unverwechselbaren Stil verkörpert, der, natürlich von den jeweiligen verantwortlichen Trainern leicht abgewandelt, konsequent durchgehalten wurde. Seit der Meisterschaft in der Saison 1970/71 haben mehrere Generationen den schwarz-gelben Dreß der Dynamos getragen, ihre Auffassung vom Spiel hat sich im Grunde nicht geändert. „Unser Publikum", so der ehemalige Trainer Klaus Sammer, „würde einen anderen Fußball überhaupt nicht annehmen. Das heißt allerdings nicht, daß wir ihn in dieser oder jener Komponente nicht noch besser machen müßten."

Mit dem Ball auf du und du

Bei Dynamo Dresden werden Spieler eingesetzt, die zumindest für DDR-Verhältnisse einen guten Standard in der technischen Ausbildung nachweisen können. Akteure, die mit dem Leder auf du und du stehen. Es gab und gibt auch Ausnahmen. Typen, die ihre besonderen Vorzüge im athletischen Bereich hatten, darunter Auswahlspieler wie Wätzlich, Ganzera, Schmuck, Minge und andere. Aber das Wesen der „Dresdener Schule" besteht eindeutig in der soliden Ausbildung des Nachwuchses eben im Umgang mit dem Ball. „Zwei Komponenten bestimmen dann die Dresdener Aktionen eigentlich ganz wesentlich: erstens das Tempo, zweitens die Präzision", stellt Walter Fritzsch dazu fest.

Daß diese Art zu spielen nur im Training, durch intensives, geduldiges Üben, in Fleisch und Blut übergehen kann, liegt auf der Hand. Das Trainingsprogramm der Dresdener ist ganz darauf zugeschnitten, die Auflagen sind zumindest ungewöhnlich. Wer die heftigen Reaktionen vieler unserer Oberligatrainer beobachtet, wenn einer ihrer Schützlinge ein Dribbling verliert, beim Versuch, sich mit einer Finte vom Gegenspieler zu lösen, nicht erfolgreich ist, der kann sich sicherlich auch vorstellen, daß die Trainingsanweisung „Umspielen ist die erste Pflicht" andernorts erhebliche Verwunderung auslösen würde. Nicht so im Dynamo-Stadion. „Jeder Spieler muß in der Lage sein, seinen Kontrahenten aussteigen zu lassen. Wie sollten wir sonst Überraschungsmomente schaffen?" So die Frage des Trainer-Seniors. Das trifft keineswegs allein auf die Angreifer zu, wenngleich unter ihnen wahre Spezialisten zu finden sind. In ihrer Glanzzeit nahmen es Riedel oder Heidler nicht selten mit zwei, drei Gegenspielern auf. Körpertäuschungen, Finten und andere Tricks aber gehörten und gehören auch zum festen Repertoire von Mittelfeldspielern wie Kreische, Ganzera, Häfner, Pilz und Stübner.

Hintenrum ist kein Umweg

„Hintenrum!" Dieses Kommando ertönt immer wieder in der Dresdener Mannschaft. Was verbirgt sich hinter dieser Anweisung, die häufig genug von Libero Dixie Dörner ausgegeben wurde? „Es kommt im Spiel immer wieder zu Situationen, in denen die Akteure in den vorderen Reihen nicht angespielt werden können, weil sie gedeckt sind. Um einem Risikoabspiel aus dem Wege zu gehen, einen Ballverlust zu vermeiden, wird das Leder bewußt in den eigenen Reihen gehalten, auch wenn es dabei einmal in die Abwehr zurückgespielt werden muß", erläutert der langjährige Dresdener Kapitän. „Hintenrum ist da kein Umweg." Meisterhaft haben es die Dresdener Angreifer in vielen Begegnungen verstanden, sich mit energischem Sprint in die freien Räume zu lösen, nach hinten „abzuspringen", um dem Mitspieler ein kontrolliertes Anspiel zu ermöglichen. „Es ist doch eine alte Binsenwahrheit im Fußball, daß es sich leichter läuft, wenn man selbst im Ballbesitz ist, als wenn man dem Gegner das Leder wieder und wieder abjagen muß", weiß auch Nationalspieler Reinhard Häfner. Spätestens an dieser Stelle gilt es den Dresdener Verteidigern ein Wort zu widmen, ohne die der Kreisel niemals so in Schwung gekommen wäre. „Ich habe sie immer als erste ‚Aufbauer' verstanden", erläutert Walter Fritzsch. „Bei ihnen muß der Kombinationsfaden beginnen. Sind sie zu nichts anderem in der Lage, als nach gewonnenem Zweikampf das Leder hoch nach vorn zu schlagen, ist jede Aktion durch den Gegner leicht auszurechnen." Eine Ansicht, die durchaus nicht von jedem Trainer geteilt werden muß. In Dresden aber haben über viele Jahre „spielende" Außendecker das Fundament für manchen großen Erfolg gelegt.

„Das Feld, das wir bespielen, darf nicht länger als 30, 40 Meter sein", stellte Walter Fritzsch als Forderung auf. Jedes Zuspiel über eine lange Distanz verkörpert ein zusätzliches Risiko. Und seine Männer hielten sich daran. Das schließt Steilpässe nicht aus, aber ihnen gehen zumeist verwirrende Kombinationsfolgen voraus, bis dann ein Akteur aus den hinteren Reihen in den ungedeckten Raum — zumeist auf einen der beiden Flügel — vorstößt. Was beispielsweise Häfner da als „verkappter Rechtsaußen" über Jahre bot, gehörte zu den überzeugendsten Leistungen im DDR-Fußball überhaupt. Schade, Wätzlich, Ganzera und andere standen ihm nur wenig nach.

Fitneß die Voraussetzung

Es steht ganz außer Frage, daß der Dresdener Kreisel eine wichtige Prämisse hat: alle Akteure müssen konditionell topfit sein. Im Gegensatz zu vielen anderen Stilarten von Mannschaften nicht nur in unserer Oberliga verlangt das Dresdener Spiel, daß alle Spieler praktisch pausenlos unterwegs sind. Jedes Stehenbleiben, jedes Versäumnis im Vorausdenken lassen die Kombinationsfolge unweigerlich reißen. Dresden hat in den letzten Jahren manches Form-Wellental durchschritten, nicht zuletzt, weil die Mannschaft nicht austrainiert war. EC-Heimspiele aber wie gegen Malmö FF, den FC Metz, auch die Partie gegen Bayer Uerdingen erbrachten den Beweis, daß sie „ihren" Stil nach wie vor beherrscht.

Daran wird sich sicherlich auch in den kommenden Jahren kaum etwas ändern. Vergleicht man den Ausbildungsstand der meisten Nachwuchsakteure im schwarz-gelben Dreß gegenüber denen in anderen Klubs, kann man unschwer feststellen, daß sie in der „Grundschule" bestens aufgepaßt haben. Karsten Neitzel, Thomas Ritter, Matthias Sammer — die Jungen, die sich wie Jähnig, Hauptmann, Maucksch und Milde bereits erste Sporen in DDR-Auswahlmannschaften verdienten —, sie alle lieben vor allem das Spiel mit dem Ball. Um den Dresdener Kreisel also braucht es dem Fußballfreund in der Elbestadt und weit darüber hinaus nicht bange zu sein. Und vielleicht findet unser Freund aus Malmö auch bereits in nächster Zeit wieder Gelegenheit, Dresden in EC-Spielen zu verfolgen. Eben „weil die Mannschaft nicht nur schön, sondern auch erfolgreich spielt".

Namen und Zahlen

Die Auswahlspieler

	A/Tore	O	N	J
Bielecke, Rainer	–	–	–	6
Blaseck, Mathias	–	–	1	7
Boden, Claus	–	–	25	1
Büttner, Steffen	–	–	1	–
Donix, Matthias	–	–	6	22
Dörner, Hans-Jürgen	100/9	10	15	17
Döschner, Matthias	24/2	8	13	–
Förster, Sven	–	–	3	7
Fritzsche, Peter	–	–	–	12
Ganzera, Frank	13	–	8	3
Gerstenberger, Steffen	–	–	6	13
Geyer, Eduard	–	–	9	4
Gottlöber, Tino	–	–	–	1
Gütschow, Torsten	2/2	3	16	4
Haack, Lothar	–	–	4	–
Häfner, Reinhard	58/5	11	36	–
Hauptmann, Ralf	–	–	–	11
Haustein, Wolfgang	–	–	2	–
Heidler, Gert	12/2	–	25	–
Helm, Christian	–	–	8	1
Hofmann, Bernd	–	–	4	–
Jähnig, Uwe	–	–	–	3
Jakubowski, Bernd	–	6	–	–
Juretzko, Peter	–	–	–	9
Kirsten, Ulf	19/3	–	10	29
Kotte, Peter	21/3	–	28	–
Kreische, Hans-Jürgen	50/25	6	8	9
Kretzschmar, Sven	–	–	1	–
Lachmann, Steffen	–	–	1	8
Leonhardt, Jens	–	–	–	8
Lichtenberger, Klaus	–	–	3	–
Lieberam, Frank	–	2	–	–
Lippmann, Frank	–	–	1	–
Löpelt, Heiko	–	–	–	1
Losert, Dirk	–	–	–	13
Matthes, Gottfried	–	–	5	–
Maucksch, Matthias	–	–	–	9
Mecke, Fred	–	–	7	23
Milde, Rocco	–	–	–	7
Minge, Ralf	31/8	13	11	–
Mittag, Andreas	–	–	1	2
Müller, Klaus	2	–	3	18
Müller, Matthias	4	–	5	18
Narr, Andreas	–	–	1	5
Neitzel, Karsten	–	–	–	18
Noske, Peter	–	–	1	–
Pfahl, Jens	–	–	–	18
Pilz, Hans-Uwe	26	14	2	–
Prasse, Jörg	–	–	–	15
Protzner, Jens	–	–	–	4
Rau, Horst	–	–	3	–
Richter, Frank	7/1	–	21	25
Riedel, Dieter	4	–	7	1
Ritter, Thomas	–	–	–	22
Sachse, Rainer	2	–	16	4
Sammer, Klaus	17	4	6	–
Sammer, Matthias	1	–	1	25
Schade, Hartmut	31/5	6	6	26
Schlicke, Volker	–	–	1	9
Schmidt, Andreas	–	–	1	1
Schmuck, Udo	7/1	–	42	16
Schülbe, Lutz	–	–	16	–
Schulz, Matthias	–	–	–	1
Schuster, Frank	–	1	–	–
Seifert, Gerd	–	–	–	3
Stübner, Jörg	23	–	10	14
Teuber, Ronny	–	–	5	–
Trautmann, Andreas	9	18	13	3
Vogel, Ralf	–	–	–	36
Vorwerg, Dietmar	–	–	1	–
Wätzlich, Siegmar	24	–	–	–
Weber, Gerd	35/5	–	13	51
Wude, Torsten	–	–	5	13
Zschiedrich, Falk	–	–	–	4

Erklärung: A = Nationalmannschaft, O = Olympiaauswahl, N = Nachwuchsauswahl, J = Juniorenauswahl.

Die Oberligaspieler

	Spiele	von–bis	Tore
Bielecke, Rainer	1	74/75	–
Blaseck, Mathias	6	71/72	–
Boden, Claus	153	71/72–80/81	–
Brunzlow, Horst	6	64/65	–
Büttner, Steffen	41	84/85–86/87	1
Diebitz, Andreas	12	85/86–86/87	–
Diebitz, Klaus	9	64/65	–
Donix, Matthias	4	73/74–74/75	–
Dörner, Hans-Jürgen	392	69/70–85/86	65
Döschner, Matthias	184	77/78–86/87	28

Name	Spiele	Jahre	Tore
Engelmohr, Steffen	63	62/63–67/68	12
Engels, Klaus	61	64/65–67/68	17
Erdmann, Erwin	3	62/63	–
Fischer, Eberhard	9	62/63	2
Förster, Sven	4	84/85–85/86	–
Fröhlich, Paul	13	62/63	5
Ganzera, Frank	133	66/67–75/76	8
Ganzera, Hubert	1	70/71	–
Gerstenberger, Steffen	8	86/87	–
Geyer, Eduard	90	69/70–74/75	6
Gumz, Siegfried	120	62/63–69/70	33
Gütschow, Torsten	111	80/81–86/87	40
Haack, Lothar	5	62/63	1
Häfner, Reinhard	352	71/72–86/87	48
Hartleb, Manfred	2	65/66–69/70	–
Haustein, Wolfgang	181	62/63–72/73	1
Heidler, Gert	267	67/68–81/82	49
Helm, Christian	188	72/73–82/83	3
Hemp, Meinhard	102	62/63–71/72	6
Hennig, Volker	1	77/78	–
Hofmann, Bernd	115	62/63–69/70	17
Ihle, Wolfgang	7	79/80	2
Jähnig, Uwe	5	86/87	2
Jakubowski, Bernd	183	76/77–85/86	–
Kallenbach, Manfred	105	65/66–72/73	–
Kern, Joachim	24	70/71–71/72	1
Kirsten, Ulf	83	83/84–86/87	26
Klimpel, Jörg	21	80/81–82/83	–
Kotte, Peter	156	73/74–80/81	53
Kreische, Hans-Jürgen	234	64/65–77/78	127
Kretzschmar, Sven	14	82/83–83/84	–
Kropp, Helmut	2	66/67	–
Kuhl, Uwe	1	85/86	–
Lachmann, Steffen	11	80/81–82/83	–
Legler, Dieter	23	62/63–64/65	7
Leonhardt, Jens	8	83/84–85/86	–
Lichtenberger, Klaus	34	71/72–75/76	4
Lieberam, Frank	24	86/87	3
Lippmann, Frank	89	79/80–85/86	9
Lischke, Wolfgang	6	72/73	–
Löpelt, Heiko	7	85/86–86/87	–
Losert, Dirk	30	81/82–85/86	3
Malzahn, Klaus	3	81/82	–
Matthes, Gottfried	10	62/63–65/66	–
May, Roland	19	65/66–67/68	1
Mecke, Fred	13	80/81–81/82	2
Meyer, Peter	22	66/67–69/70	–
Minge, Ralf	152	80/81–86/87	88
Mittag, Andreas	40	80/81–82/83	1
Müller, Klaus	86	72/73–80/81	9
Müller, Matthias	90	73/74–80/81	11
Neidhardt, Werner	7	62/63	–
Neitzel, Karsten	9	85/86–86/87	–
Neubauer, Klaus	1	62/63	–
Noske, Peter	61	62/63–65/66	–
Oeser, Wolfgang	73	62/63–65/66	7
Pahlitzsch, Arnolf	39	62/63–64/65	5
Petersohn, Karsten	40	76/77–82/83	6
Pfahl, Jens	3	82/83	–
Pfeifer, Wolfgang	100	64/65–69/70	–
Pilz, Hans-Uwe	121	81/82–86/87	22
Polz, Gerhard	3	62/63–65/66	–
Prautzsch, Gerhard	92	62/63–67/68	4
Protzner, Jens	1	85/86	–
Ramme, Jens	11	85/86–86/87	–
Rau, Horst	82	69/70–73/74	11
Richter, Frank	126	69/70–80/81	20
Riedel, Dieter	211	67/68–80/81	49
Ritter, Thomas	1	86/87	–
Rohne, Horst	6	62/63	–
Rüster, Roland	11	85/86	1
Rziha, Jan	9	82/83	1
Sachse, Rainer	172	69/70–79/80	70
Sammer, Klaus	183	64/65–74/75	27
Sammer, Matthias	38	85/86–86/87	15
Schade, Hartmut	198	72/73–83/84	34
Schäfer, Peter	1	67/68	–
Schlicke, Volker	4	80/81–82/83	–
Schmidt, Andreas	70	78/79–84/85	2
Schmidt, Volker	1	77/78	–
Schmuck, Udo	236	71/72–84/85	33
Scholtissek, Tino	1	86/87	–
Schöne, Peter	1	76/77	–
Schülbe, Lutz	58	81/82–84/85	11
Schulz, Matthias	13	83/84–86/87	2
Schuster, Frank	92	80/81–84/85	2
Seifert, Gerd	10	82/83–83/84	3
Siede, Erich	54	62/63–65/66	7
Stübner, Jörg	98	83/84–86/87	6
Teuber, Ronny	25	86/87	–
Trautmann, Andreas	206	77/78–86/87	43
Urbanek, Dietmar	11	69/70–74/75	–
Vogel, Ralph	17	85/86–86/87	–
Vorwerg, Dietmar	3	76/77	–
Walter, Horst	40	66/67–69/70	1
Wätzlich, Siegmar	139	67/68–75/76	9
Weber, Gerd	145	73/74–80/81	43
Wieczorek, Heinz	1	64/65	–
Wude, Torsten	23	82/83–86/87	–
Wühn, Horst	19	62/63	–
Ziegler, Uwe	162	62/63–71/72	29

Die Pokalendspiele

14. September 1952 in Berlin: SG VP Dresden – BSG Einheit Pankow 3:0 (2:0)

VP: Klemm; Michael, Haufe; Fischer, Schoen, Usemann; Holze, Schröter, Hänsicke, Möbius, Matzen. **Trainer:** Döring.
Einheit: Spickenagel; Schmidt, Radunski; Braun, Landmann, Schulz; Zöller (ab 70. Assmy), Hofmann, Ginzel, Jokel, Grille. **Trainer:** Schulz.
Schiedsrichter: Köpcke (Wusterhausen); **Zuschauer:** 18 000 im Stadion an der Normannenstraße; **Torfolge:** 1:0 Matzen (5.), 2:0, 3:0 Holze (21., 82.).

2. Juni 1971 in Halle: SG Dynamo Dresden – BFC Dynamo 2:1 (1:1, 0:0) nach Verlängerung

Dynamo: Kallenbach; Dörner; Haustein, Sammer, Ganzera; Ziegler, Kreische, Rau (ab 106. Wätzlich); Riedel (ab 100. Heidler), Sachse, Geyer. **Trainer:** Fritzsch.
BFC: Lihsa; Brillat; Stumpf, Trümpler, Hall; Schütze (ab 73. Fleischer), Filohn, P. Rohde, Terletzki; Labes (ab 104. Lyszczan), Johannsen. **Trainer:** Bachmann/Schröter.
Schiedsrichter: Glöckner (Markranstädt); **Zuschauer:** 10 000 im Kurt-Wabbel-Stadion; **Torfolge:** 1:0 Sammer (65.), 1:1 Johannsen (70., Foulstrafstoß), 2:1 Sammer (119.).

14. Mai 1972 in Leipzig: FC Carl Zeiss Jena – SG Dynamo Dresden 2:1 (1:1)

FC Carl Zeiss: Blochwitz; Rock; Weise, Hoppe, Kurbjuweit; Irmscher, Goebel, Schlutter; Schumann (ab 66. Scheitler), P. Ducke, Vogel. **Trainer:** Meyer.
Dynamo: Boden; Kern; Ganzera, Sammer, Wätzlich; Häfner (ab 75. Rau), Dörner, Kreische; Heidler, Geyer, Sachse (ab 46. Richter). **Trainer:** Fritzsch.
Schiedsrichter: Männig (Böhlen); **Zuschauer:** 20 000 im Zentralstadion; **Torfolge:** 0:1 Dörner (22.), 1:1, 2:1 P. Ducke (45., 55.).

13. April 1974 in Leipzig: FC Carl Zeiss Jena – SG Dynamo Dresden 3:1 (1:1, 0:1) nach Verlängerung

FC Carl Zeiss: Blochwitz; Bransch; Göhr, Weise, Kurbjuweit; Goebel, Irmscher, Schlutter; Schumann, P. Ducke, Vogel (ab 68. Stein). **Trainer:** Meyer.
Dynamo: Boden; Dörner; Helm, Sammer, Wätzlich; Häfner (ab 76. Schmuck), Ganzera (ab 110. Richter), Kreische; Heidler, Riedel, Kotte. **Trainer:** Fritzsch.
Schiedsrichter: Glöckner (Markranstädt); **Zuschauer:** 32 000 im Zentralstadion; **Torfolge:** 0:1 Häfner (20.), 1:1 Schlutter (78.), 2:1 Schumann (114.), 3:1 Bransch (116.).

14. Juni 1975 in Berlin: BSG Sachsenring Zwickau – SG Dynamo Dresden 2:2 (1:1, 0:0) nach Verlängerung, Elfmeterschießen 4:3

Sachsenring: Croy; H. Schykowski; Stemmler, Henschel (ab 74. Schubert), J. Schykowski; Leuschner (ab 11. Reichelt), Dietzsch, Braun; Blank, Bräutigam, Nestler. **Trainer:** Kluge.
Dynamo: Boden; Dörner; Weber, Schmuck, Wätzlich; Häfner, Geyer, Ganzera; Riedel, Kotte, Heidler (ab 80. Richter). **Trainer:** Fritzsch.
Schiedsrichter: Einbeck (Berlin); **Zuschauer:** 55 000 im Stadion der Weltjugend; **Torfolge:** 0:1 Heidler (65.), 1:1 J. Schykowski (73.), 1:2 Richter (110.), 2:2 Nestler (119.); **Elfmeterschießen:** 0:1 Wätzlich, 1:1 Dietzsch, Weber – gehalten, Blank – gehalten, 1:2 Geyer, 2:2 Bräutigam, Dörner – gehalten, 3:2 H. Schykowski, 3:3 Kotte, 4:3 Croy.

28. Mai 1977 in Berlin: SG Dynamo Dresden – 1. FC Lok Leipzig 3:2 (0:0)

Dynamo: Boden; Dörner; Weber, Schmuck, K. Müller, Häfner, M. Müller, Schade; Riedel (ab 74. Kotte), Sachse, Heidler. **Trainer:** Fritzsch.
1. FC Lok: Friese; Hammer; Sekora, Gröbner, Fritsche; Eichhorn, Altmann, Frenzel (ab 74. Bornschein), Roth; Löwe, Kühn. **Trainer:** Pfeifer.
Schiedsrichter: Scheurell (Wusterhausen); **Zuschauer:** 50 000 im Stadion der Weltjugend: **Torfolge:** 1:0 Sachse (46.), 1:1 Löwe (55.), 1:2 Sekora (63.), 2:2 Weber (85.), 3:2 Sachse (87.).

29. April 1978 in Berlin: 1. FC Magdeburg – SG Dynamo Dresden 1:0 (1:0)

1. FCM: Heyne; Zapf; Raugust, Seguin, Decker; Pommerenke, Tyll, Mewes; Streich, Sparwasser, Hoffmann. **Trainer:** Urbanczyk.
Dynamo: Jakubowski; Dörner; Helm, Weber, K. Müller, Häfner, Schade, Riedel; Heidler, Sachse (ab 75. Kotte), Richter. **Trainer:** Fritzsch.
Schiedsrichter: Prokop (Erfurt); **Zuschauer:** 50 000 im Stadion der Weltjugend; **Torschütze:** Zapf (8.).

1. Mai 1982 in Berlin: SG Dynamo Dresden – BFC Dynamo 1:1 (1:1, 0:0) nach Verlängerung, Elfmeterschießen 5:4

Dynamo: Jakubowski; Schmuck; Schuster, Trautmann, Mittag; Häfner, Pilz, Schade; Schülbe (ab 75. Gütschow), Minge, Heidler. **Trainer:** Prautzsch.
BFC: Rudwaleit; Trieloff; Noack, Troppa, Ullrich; Ernst, Terletzki, Backs; Riediger, Sträßer, Netz (ab 75. Schulz). **Trainer:** Bogs.
Schiedsrichter: Kulicke (Oderberg); **Zuschauer:** 48 000 im Stadion der Weltjugend; **Torfolge:** 1:0 Trautmann (51.), 1:1 Riediger (85.); **Elfmeterschießen:** 0:1 Ullrich, 1:1 Mittag, 1:2 Ernst, 2:2 Schmuck, Backs – gehalten, 3:2 Trautmann, 3:3 Troppa, 4:3 Gütschow, 4:4 Terletzki, 5:4 Pilz.

26. Mai 1984 in Berlin: SG Dynamo Dresden – BFC Dynamo 2:1 (0:0)

Dynamo: Jakubowski; Dörner; Schuster, Trautmann, Döschner; Häfner, Pilz, Stübner; Gütschow (ab 67. Schülbe), Minge, Lippmann (ab 84. Schade). **Trainer:** Sammer.
BFC: Rudwaleit; Trieloff; Maek, Troppa, Ullrich; Terletzki, Schulz, Backs; F. Rohde, Ernst, Prange (ab 69. Kubowitz). **Trainer:** Bogs.
Schiedsrichter: Henning (Rostock); **Zuschauer:** 48 000 im Stadion der Weltjugend; **Torfolge:** 1:0 Dörner (81.), 2:0 Häfner (82., Foulstrafstoß), 2:1 Troppa (85.).

8. Juni 1985 in Berlin: SG Dynamo Dresden – BFC Dynamo 3:2 (1:0)

Dynamo: Jakubowski; Dörner; Büttner, Trautmann, Döschner; Häfner, Pilz, Stübner; Kirsten (ab 86.

Schuster), Minge, Lippmann (ab 32. Gütschow). **Trainer:** Sammer.
BFC: Rudwaleit; F. Rohde; Grether, Trieloff (ab 70. Maek), Ullrich; Terletzki, Schulz, Backs (ab 80. Voß); Pastor, Ernst, Thom. **Trainer:** Bogs.
Schiedsrichter: Roßner (Gera); **Zuschauer:** 48000 im Stadion der Weltjugend; **Torfolge:** 1:0 Döschner (43.), 1:1 Thom (51.), 2:1 Stübner (59.), 3:1 Minge (67.), 3:2 Ernst (88.).

Die Europapokalspiele
EC der Meister

1971/72 **1. Runde; 15. 9. 71: Ajax Amsterdam – Dynamo Dresden 2:0 (2:0)**
Dynamo: Kallenbach (ab 46. Meyer); Dörner; Ganzera, Haustein, K. Sammer, Geyer; Ziegler, Kreische; Riedel (ab 66. Sachse), Richter, Rau.
Schiedsrichter: Gugulovic (Jugoslawien); **Zuschauer:** 60000 im Olympiastadion; **Torfolge:** 1:0 Swart (2.), 2:0 Keizer (18.).

29. 9. 71: Dynamo Dresden – Ajax Amsterdam 0:0
Dynamo: Meyer; Dörner; Ganzera, K. Sammer, Geyer; Ziegler (ab 76. Sachse), Häfner, Kreische; Riedel, Rau (ab 49. Richter), Heidler.
Schiedsrichter: Burns (England); **Zuschauer:** 35000 im Dynamo-Stadion.

1973/74 **1. Runde; 19. 9. 73: Dynamo Dresden – Juventus Turin 2:0 (2:0)**
Dynamo: Boden; Ganzera; Wätzlich, Geyer; Häfner, Schade, Kreische, Helm; Heidler, Rau, Sachse (ab 79. K. Sammer).
Schiedsrichter: Bucheli (Schweiz); **Zuschauer:** 30000 im Dynamo-Stadion; **Torfolge:** 1:0 Kreische (29.), 2:0 Schade (40.).

3. 10. 73: Juventus Turin – Dynamo Dresden 3:2 (3:1)
Dynamo: Boden; K. Sammer; Helm, Geyer, Wätzlich (ab 74. Schmuck), Häfner, Schade, Ganzera; Heidler, Rau, Sachse.
Schiedsrichter: Loreaux (Belgien); **Zuschauer:** 70000 im Stadio Comunale; **Torfolge:** 1:0 Furino (9.), 1:1 Rau (24.), 2:1 Altafini (25.), 3:1 Cuccureddu (30.), 3:2 Sachse (75.).

Achtelfinale; 24. 10. 73: FC Bayern München – Dynamo Dresden 4:3 (2:3)
Dynamo: Boden; Dörner; Helm, Wätzlich, Geyer; Häfner, Schade, Ganzera, Heidler, Rau (ab 84. Schmuck), Sachse (ab 75. Riedel).
Schiedsrichter: Davidson (Schottland); **Zuschauer:** 55000 im Olympiastadion; **Torfolge:** 0:1 Sachse (13.), 1:1 Hoffmann (17.), 2:1 Dürnberger (26.), 2:2 Sachse (34.), 2:3 Heidler (42.), 3:3 Roth (71.), 4:3 Müller (83.).

7. 11. 73: Dynamo Dresden – FC Bayern München 3:3 (1:2)
Dynamo: Boden; Dörner, Helm, Wätzlich, Geyer; Häfner, Schade (ab 78. Riedel), Ganzera; Heidler, Rau, Sachse.
Schiedsrichter: Wurtz (Frankreich); **Zuschauer:** 36000 im Dynamo-Stadion; **Torfolge:** 0:1, 0:2 Hoeness (11., 13.), 1:2 Wätzlich (42.), 2:2 Schade (52.), 3:2 Häfner (56.), 3:3 Müller (58.).

1976/77 **1. Runde; 15. 9. 77: Dynamo Dresden – Benfica Lissabon 2:0 (0:0)**
Dynamo: Boden; Schmuck; Helm, Weber, K. Müller; Häfner, Schade, Kreische; Riedel, Kotte, Heidler.
Schiedsrichter: Wöhrer (Österreich); **Zuschauer:** 33000 im Dynamo-Stadion; **Torfolge:** 1:0 Kotte (76., Foulstrafstoß), 2:0 Riedel (78.).

29. 9. 76: Benfica Lissabon – Dynamo Dresden 0:0
Dynamo: Boden; Schmuck; Helm, Weber, K. Müller; Häfner, Schade, Kreische; Riedel (ab 75. Sachse), Kotte, Heidler.
Schiedsrichter: Schaut (Belgien); **Zuschauer:** 40000 im Estadio da Luz.

Achtelfinale; 20. 10. 76: Ferencvaros Budapest – Dynamo Dresden 1:0 (1:0)
Dynamo: Boden; Schmuck, Helm, Weber (ab 46. M. Müller), K. Müller; Häfner (ab 73. Sachse), Schade, Kreische; Riedel, Kotte, Heidler.
Schiedsrichter: Dudine (Bulgarien); **Zuschauer:** 32000 im FTC-Stadion; **Torschütze:** Onhausz (35.).

3. 11. 76: Dynamo Dresden – Ferencvaros Budapest 4:0 (1:0)
Dynamo: Boden; Schmuck, Helm, M. Müller, K. Müller; Häfner (ab 76. Dörner), Schade, Kreische; Riedel, Kotte, Heidler (ab 69. Sachse).
Schiedsrichter: Ok (Türkei); **Zuschauer:** 33000 im Dynamo-Stadion; **Torfolge:** 1:0 Heidler (41.), 2:0 Schmuck (52.), 3:0 Riedel (60.), 4:0 Kotte (73.).

Viertelfinale; 2. 3. 77: FC Zürich – Dynamo Dresden 2:1 (1:0)
Dynamo: Jakubowski; Dörner; Helm, Schmuck (ab 13. M. Müller), K. Müller; Häfner, Schade, Weber; Riedel (ab 75. Kreische), Sachse, Heidler.
Schiedsrichter: Rainea (Rumänien); **Zuschauer:** 19000 im Letzigrund; **Torfolge:** 1:0 Cucinotta (41.), 1:1 Kreische (75.), 2:1 Risi (89.).

16. 3. 77: Dynamo Dresden – FC Zürich 3:2 (1:1)
Dynamo: Jakubowski; Dörner; Helm, K. Müller; Häfner (ab 23. Weber), M. Müller, Schade, Kreische; Riedel, Sachse, Heidler.
Schiedsrichter: Franco-Martinez (Spanien); **Zuschauer:** 35000 im Dynamo-Stadion; **Torfolge:** 1:0 Schade (18., Foulstrafstoß), 1:1 Cucinotta (37.), 2:1, 3:1 Kreische (54., 63.), 3:2 Risi (64.).

1977/78 1. Runde; 14. 9. 77: Dynamo Dresden – Halmstad BK 2:0 (0:0)
Dynamo: Boden; Dörner; K. Müller, Schmuck; Häfner, M. Müller, Kreische, Weber; Sachse (ab 57. Schade), Kotte, Heidler.
Schiedsrichter: Kolliropoulos (Griechenland); **Zuschauer:** 30 000 im Dynamo-Stadion; **Torfolge:** 1:0 Heidler (70.), 2:0 Schade (84.).

28. 9. 77: Halmstad BK – Dynamo Dresden 2:1 (1:0)
Dynamo: Boden; Dörner; M. Müller, Schmuck, Weber; Häfner, Schade, Kreische, Riedel, Kotte, Heidler.
Schiedsrichter: Grey (England); **Zuschauer:** 8 000 im HBK-Stadion; **Torfolge:** 1:0 Johansson (18.), 1:1 Heidler (63.), 2:1 Lars E. Larsson (90.).

Achtelfinale; 19. 10. 77: FC Liverpool – Dynamo Dresden 5:1 (3:0)
Dynamo: Boden; Dörner; K. Müller (ab 72. Helm), Schmuck, Weber; Kreische, Schade, Häfner; M. Müller, Kotte (ab 72. Riedel), Heidler.
Schiedsrichter: Garrido (Portugal); **Zuschauer:** 39 835 im Stadion an der Anfield Road; **Torfolge:** 1:0 Hansen (15.), 2:0 Case (22.), 3:0 Neal (44., Foulstrafstoß), 4:0 Case (58.), 5:0 Kennedy (66.), 5:1 Häfner (76.).

2. 11. 77: Dynamo Dresden – FC Liverpool 2:1 (0:0)
Dynamo: Boden (ab 71. Jakubowski); Dörner; Helm, Schmuck, Weber; Häfner, Schade, Riedel; M. Müller, Kotte, Sachse (ab 69. Richter).
Schiedsrichter: Corver (Niederlande); **Zuschauer:** 33 000 im Dynamo-Stadion; **Torfolge:** 1:0 Kotte (47.), 2:0 Sachse (52.), 2:1 Heighway (67.).

1978/79 1. Runde; 13. 9. 78: Partizan Belgrad – Dynamo Dresden 2:0 (1:0)
Dynamo: Jakubowski; Dörner; Schmuck, Helm, K. Müller; Häfner, Schade, Weber; Riedel, Kotte, Richter.
Schiedsrichter: Ok (Türkei); **Zuschauer:** 50 000 im JNA-Stadion; **Torfolge:** 1:0 Prekazi (6.), 2:0 Durovic (47.).

27. 9. 78: Dynamo Dresden – Partizan Belgrad 2:0 (2:0, 1:0) n. V., Elfmeterschießen 5:4
Dynamo: Boden; Dörner; Helm, Schmuck, K. Müller; Riedel, Schade, Weber; Heidler (ab 116. Petersohn), Richter (ab 63. Sachse), Kotte.
Schiedsrichter: Lipatow (UdSSR); **Zuschauer:** 29 000 im Dynamo-Stadion; **Torfolge:** 1:0 Dörner (8.), 2:0 Weber (70.); **Elfmeterschießen:** Dordevic – verschossen, Dörner – Pfosten, 0:1 Klincarski, 1:1 Weber, 1:2 Pavkovic, Schade – verschossen, Trifunovic – gehalten, 2:2 Kotte, 2:3 Prekazi, 3:3 Riedel, 3:4 Stojkovic, 4:4 Sachse, Zavisic – gehalten, 5:4 Schmuck.

Achtelfinale; 18. 10. 78: Bohemians Dublin – Dynamo Dresden 0:0
Dynamo: Boden; Dörner; Helm, Schmuck; A. Schmidt; Häfner, Schade, Weber; Riedel, Kotte, Richter.
Schiedsrichter: van Langenhove (Belgien); **Zuschauer:** 2 000 im Oriel Park.

1. 11. 78: Dynamo Dresden – Bohemians Dublin 6:0 (2:0)
Dynamo: Boden; Dörner; Helm, Schmuck; Häfner, Schade, Trautmann, Weber; Riedel (ab 68. Sachse), Kotte, Heidler (ab 74. Richter).
Schiedsrichter: Amundsen (Dänemark); **Zuschauer:** 33 000 im Dynamo-Stadion; **Torfolge:** 1:0 Trautmann (39.), 2:0 Dörner (41.), 3:0 Schmuck (49.), 4:0 Trautmann (59.), 5:0 Riedel (62., Handstrafstoß), 6:0 Kotte (73., Foulstrafstoß).

Viertelfinale; 7. 3. 79: Austria Wien – Dynamo Dresden 3:1 (1:1)
Dynamo: Boden; Dörner; Helm, Schmuck, Weber; Häfner, M. Müller, Schade, Riedel, Kotte, Heidler.
Schiedsrichter: Partridge (England); **Zuschauer:** 35 000 im Prater-Stadion; **Torfolge:** 0:1 Weber (10.), 1:1 Schachner (20.), 2:1 Zach (86.), 3:1 Schachner (90.).

21. 3. 79: Dynamo Dresden – Austria Wien 1:0 (1:0)
Dynamo: Boden; Dörner; Helm, Schmuck, Weber; Häfner, Schade, Trautmann (ab 76. M. Müller); Riedel, Kotte, Heidler (ab 83. Jakubowski).
Schiedsrichter: Keizer (Niederlande); **Zuschauer:** 37 000 im Dynamo-Stadion; **Torschütze:** Riedel (42., Foulstrafstoß).

EC der Pokalsieger

1982/83 1. Runde; 15. 9. 82: Dynamo Dresden – BK 1893 Kopenhagen 3:2 (2:0)
Dynamo: Klimpel; Dörner; Trautmann, Mittag; Häfner, A. Schmidt, Schuster, Pilz; Schülbe (ab 63. Losert, ab 77. Gütschow), Minge, Döschner.
Schiedsrichter: King (Wales); **Zuschauer:** 26 000 im Dynamo-Stadion; **Torfolge:** 1:0, 2:0 Trautmann (8., 16., Foulstrafstoß), 2:1 Franker (49.), 3:1 Pilz (80., Foulstrafstoß), 3:2 Madsen (90.).

29. 9. 82: BK 1893 Kopenhagen – Dynamo Dresden 2:1 (0:1)
Dynamo: Klimpel; Dörner; Schuster, Trautmann; Häfner, Pilz, Petersohn, Döschner; Schülbe (ab 83. Schmuck), Minge, Gütschow.
Schiedsrichter: Daley (Irland); **Zuschauer:** 4 000 im Idraetspark; **Torfolge:** 0:1 Pilz (10.), 1:1 Larsen (71.), 2:1 Madsen (82.).

1984/85 1. Runde; 19. 9. 84: Malmö FF – Dynamo Dresden 2:0 (1:0)
Dynamo: Jakubowski; Dörner; Trautmann,

Schmuck, Döschner; Häfner, Pilz, Stübner; Gütschow (ab 77. Kirsten), Minge, Lippmann.
Schiedsrichter: Mushkowez (UdSSR); **Zuschauer:** 3 343 im FF-Stadion; **Torfolge:** 1:0, 2:0 Magnusson (44., 64.).

3. 10. 84: Dynamo Dresden – Malmö FF 4:1 (2:0)
Dynamo: Jakubowski; Dörner; Trautmann, Döschner; A. Schmidt, Pilz, Stübner, Häfner; Gütschow (ab 84. Kirsten), Minge, Lippmann (ab 86. Schülbe).
Schiedsrichter: Nyffenegger (Schweiz); **Zuschauer:** 36 000 im Dynamo-Stadion; **Torfolge:** 1:0 Häfner (13., Foulstrafstoß), 2:0 Minge (29.), 3:0 Stübner (52.), 4:0 Pilz (62.) 4:1 Rönnberg (82., Foulstrafstoß).

Achtelfinale, 24. 10. 84: Dynamo Dresden – FC Metz 3:1 (2:1)
Dynamo: Jakubowski; Dörner; Schuster, Trautmann, Döschner; Häfner, Minge, Stübner, Kirsten (ab 74. Schülbe), Gütschow, Lippmann.
Schiedsrichter: Midgley (England); **Zuschauer:** 36 000 im Dynamo-Stadion; **Torfolge:** 0:1 Trautmann (9., Eigentor), 1:1 Häfner (25., Foulstrafstoß), 2:1 Stübner (37.), 3:1 Gütschow (51).

7. 11. 84: FC Metz – Dynamo Dresden 0:0
Dynamo: Jakubowski; Dörner; Schuster, Trautmann, Döschner; Häfner (ab 84. Schmuck), Minge, Stübner; Kirsten (ab 69. Schülbe), Gütschow, Lippmann.
Schiedsrichter: Petrovic (Jugoslawien); **Zuschauer:** 25 000 im Stade St. Symphorien.

Viertelfinale; 6. 3. 85: Dynamo Dresden – Rapid Wien 3:0 (0:0)
Dynamo: Jakubowski; Dörner; Döschner, Trautmann; Häfner, Stübner, Pilz, Schuster; Kirsten, Minge (ab 81. Losert), Gütschow (ab 65. Lippmann).
Schiedsrichter: Bridges (Wales); **Zuschauer:** 36 000 im Dynamo-Stadion; **Torfolge:** 1:0 Trautmann (47.), 2:0 Minge (57.), 3:0 Kirsten (82.).

20. 3. 85: Rapid Wien – Dynamo Dresden 5:0 (3:0)
Dynamo: Jakubowski; Dörner; Döschner, Trautmann, Schuster; Häfner, Stübner, Pilz (ab 82. Losert); Kirsten, Minge, Gütschow (ab 53. Lippmann).
Schiedsrichter: Delmer (Frankreich); **Zuschauer:** 15 000 im Hanappi-Stadion; **Torfolge:** 1:0 Pacult (3., Foulstrafstoß), 2:0 Lainer (17.), 3:0 Pacult (37.), 4:0 Panenka (70., Foulstrafstoß), 5:0 Krankl (77.).

1985/86 1. Runde; 18. 9. 85: Cercle Brügge – Dynamo Dresden 3:2 (2:0)
Dynamo: Jakubowski; Dörner; Trautmann, Büttner, Häfner, Rüster, Minge, Pilz, Stübner; Kirsten, Lippmann (ab 46. M. Sammer).
Schiedsrichter: Losert (Österreich); **Zuschauer:** 10 000 im Olympia-Stadion; **Torfolge:** 1:0 Van Thournout (24.), 2:0 Raes (27.), 2:1 Trautmann (55.), 2:2 Kirsten (75.), 3:2 Krncevic (81.).

2. 10. 85: Dynamo Dresden – Cercle Brügge 2:1 (1:0)
Dynamo: Jakubowski; Dörner; Trautmann, Döschner; Häfner, Stübner, Minge, Pilz (ab 86. Rüster), Kirsten, M. Sammer (ab 77. Losert), Lippmann.
Schiedsrichter: Lundgren (Schweden); **Zuschauer:** 36 000 im Dynamo-Stadion; **Torfolge:** 1:0 Pilz (37.), 1:1 Krncevic (47.), 2:1 Lippmann (49.).

Achtelfinale, 23. 10. 85: HJK Helsinki – Dynamo Dresden 1:0 (0:0)
Dynamo: Jakubowski; Dörner; Rüster, Trautmann, Döschner, Häfner, Pilz, Stübner; Kirsten, Minge, Lippmann (ab 57. M. Sammer).
Schiedsrichter: Butenko (UdSSR); **Zuschauer:** 5 000 im Olympia-Stadion; **Torschütze:** Lee (49.).

6. 11. 85: Dynamo Dresden – HJK Helsinki 7:2 (4:0)
Dynamo: Jakubowski; Dörner; Büttner, Trautmann, Döschner; Häfner, Stübner, Pilz; Kirsten, M. Sammer (ab 53. Losert), Lippmann.
Schiedsrichter: Halle (Norwegen); **Zuschauer:** 36 000 im Dynamo-Stadion; **Torfolge:** 1:0 M. Sammer (19.), 2:0 Lippmann (20.), 3:0 Trautmann (40.), 4:0 M. Sammer (43.), 4:1 Lee (48.), 5:1 Pilz (56.), 5:2 Valvee (61.), 6:2 Lippmann (69.), 7:2 Kirsten (90.).

Viertelfinale; 5. 3. 86: Dynamo Dresden – Bayer 05 Uerdingen 2:0 (0:0)
Dynamo: Jakubowski; Dörner; Büttner, Trautmann, Döschner, Häfner, Stübner, Pilz; Kirsten, M. Sammer (ab 69. Gütschow), Lippmann.
Schiedsrichter: Quiniou (Frankreich); **Zuschauer:** 36 000 im Dynamo-Stadion; **Torfolge:** 1:0 Lippmann (50.), 2:0 Pilz (62.).

19. 3. 86: Bayer 05 Uerdingen – Dynamo Dresden 7:3 (1:3)
Dynamo: Jakubowski (ab 46. Ramme); Dörner; Trautmann, Döschner; Häfner, Minge, Stübner, Pilz; Kirsten, M. Sammer (ab 28. Gütschow), Lippmann.
Schiedsrichter: Nemeth (Ungarn); **Zuschauer:** 20 000 in der Grotenburg-Kampfbahn; **Torfolge:** 0:1 Minge (1.), 1:1 W. Funkel (13.), 1:2 Lippmann (36.), 1:3 Bommer (42., Eigentor), 2:3 W. Funkel (58., Foulstrafstoß), 3:3 Gudmundsson (64.), 4:3 Minge (67., Eigentor), 5:3 Klinger (78.), 6:3 W. Funkel (81., Handstrafstoß), 7:3 Schäfer (87.).

Messecup/seit 1971/72 UEFA-Cup

1967/68 1. Runde; 20. 9. 67: Dynamo Dresden – Glasgow Rangers 1:1 (0:0)
Dynamo: Kallenbach; Haustein, K. Sammer, May, Wätzlich; Hemp, Hofmann, Riedel, Ziegler, Kreische, Gumz.

Schiedsrichter: Panak (Jugoslawien); **Zuschauer:** 40 000 im Heinz-Steyer-Stadion; **Torfolge:** 0:1 Ferguson (49.), 1:1 Riedel (66.).

4. 10. 67: Glasgow Rangers – Dynamo Dresden 2:1 (1:0)
Dynamo: Kallenbach; Haustein, K. Sammer, Pfeifer, Wätzlich; Hemp, Hofmann, Walter (ab 73. Engels), Ziegler, Kreische, Gumz.
Schiedsrichter: Garcia (Portugal); **Zuschauer:** 60 000 im Ibrox Park; **Torfolge:** 1:0 Penman (14.), 1:1 Kreische (89.), 2:1 Greig (90.).

1970/71   1. Runde;   16. 9. 70: Partizan Belgrad – Dynamo Dresden 0:0
Dynamo: Kallenbach; Ganzera, Kern, K. Sammer, Haustein; Hemp, Ziegler, Kreische; Heidler, Richter (ab 78. Geyer), Sachse (ab 60. Riedel).
Schiedsrichter: Wöhrer (Österreich); **Zuschauer:** 15 000 im JNA-Stadion.

30. 9. 70: Dynamo Dresden – Partizan Belgrad 6:0 (4:0)
Dynamo: Kallenbach; Ganzera, Kern, K. Sammer, Haustein; Ziegler, Hemp, Kreische; Heidler (ab 62. Riedel), Richter (ab 25. Geyer), Sachse.
Schiedsrichter: Davidson (Schottland); **Zuschauer:** 30 000 im Dynamo-Stadion; **Torfolge:** 1:0 Kreische (16.), 2:0 K. Sammer (25.), 3:0, 4:0, 5:0 Kreische (37., 43., 71., jeweils Foulstrafstoß), 6:0 Sachse (85.).

2. Runde; 21. 10. 70: Leeds United – Dynamo Dresden 1:0 (0:0)
Dynamo: Kallenbach; Dörner; Ganzera, K. Sammer, Kern, Haustein; Ziegler, Kreische, Hemp; Heidler, Richter.
Schiedsrichter: Delcourt (Belgien); **Zuschauer:** 25 000 im Stadion an der Elland Road; **Torschütze:** Lorimer (57., Handstrafstoß).

4. 11. 70: Dynamo Dresden – Leeds United 2:1 (1:1)
Dynamo: Kallenbach; Dörner; Ganzera, K. Sammer, Haustein; Ziegler, Hemp, Kreische; Riedel (ab 76. Geyer, 84. Feldverweis), Richter, Sachse (ab 46. Heidler).
Schiedsrichter: Marschall (Österreich); **Zuschauer:** 35 000 im Dynamo-Stadion; **Torfolge:** 1:0 Hemp (15.), 1:1 Jones (31.), 2:1 Kreische (64.).

1972/73   1. Runde;   13. 9. 72: Dynamo Dresden – VÖEST Linz 2:0 (2:0)
Dynamo: Boden; Dörner; Ganzera, K. Sammer, Wätzlich; Häfner, Geyer, Kreische; Heidler, Richter, Sachse (ab 68. Riedel).
Schiedsrichter: Espersen (Dänemark); **Zuschauer:** 23 000 im Dynamo-Stadion; **Torfolge:** 1:0, 2:0 Kreische (6., Foulstrafstoß, 42.).

27. 9. 72: VÖEST Linz – Dynamo Dresden 2:2 (0:2)
Dynamo: Boden; Dörner; Ganzera, K. Sammer, Wätzlich; Rau (ab 75. Haustein), Kreische, Lichtenberger; Riedel, Heidler, Richter.
Schiedsrichter: Kopcic (ČSSR); **Zuschauer:** 5000 im Städtischen Stadion; **Torfolge:** 0:1 Richter (15.), 0:2 Lichtenberger (28.), 1:2 Stering (60.), 2:2 Mißfeld (83.).

2. Runde; 25. 10. 72: Ruch Chorzow – Dynamo Dresden 0:1 (0:1)
Dynamo: Boden; Dörner; Ganzera, K. Sammer, Wätzlich; Häfner, Rau (ab 58. Kern), Kreische; Heidler, Sachse, Richter.
Schiedsrichter: Bakanidse (UdSSR); **Zuschauer:** 10 000 im Ruch-Stadion; **Torschütze:** Dörner (13.).

8. 11. 72: Dynamo Dresden – Ruch Chorzow 3:0 (1:0)
Dynamo: Boden; Dörner; Ganzera, K. Sammer, Wätzlich; Häfner, Rau, Kreische; Heidler, Lischke (ab 46. Geyer), Richter.
Schiedsrichter: Bircsak (Ungarn); **Zuschauer:** 23 000 im Dynamo-Stadion; **Torfolge:** 1:0, 2:0 Kreische (45., 66.), 3:0 K. Sammer (68.).

Achtelfinale; 29. 11. 72: FC Porto – Dynamo Dresden 1:2 (0:1)
Dynamo: Boden; Dörner; Ganzera, K. Sammer, Wätzlich; Häfner, Rau, Kreische; Riedel, Richter, Heidler.
Schiedsrichter: McKenzie (Schottland); **Zuschauer:** 45 000 im Estadio Antas; **Torfolge:** 0:1 Richter (22.), 0:2 Kreische (49.), 1:2 Abel (52.).

13. 12. 72: Dynamo Dresden – FC Porto 1:0 (0:0)
Dynamo: Boden; Dörner; Ganzera, K. Sammer, Rau, Wätzlich; Häfner, Kreische; Riedel (ab 81. Lichtenberger) Richter, Heidler.
Schiedsrichter: Latzios (Griechenland); **Zuschauer:** 32 000 im Dynamo-Stadion; **Torschütze:** Richter (75.).

Viertelfinale; 7. 3. 73: FC Liverpool – Dynamo Dresden 2:0 (1:0)
Dynamo: Boden; Dörner; K. Sammer, Geyer, Ganzera; Rau, Riedel, Kreische (ab 46. Lichtenberger); Lischke, Richter (ab 78. Kern), Heidler.
Schiedsrichter: Schiller (Österreich); **Zuschauer:** 33 270 im Stadion an der Anfield Road; **Torfolge:** 1:0 Hall (25.), 2:0 Boersma (60.).

21. 3. 73: Dynamo Dresden – FC Liverpool 0:1 (0:0)
Dynamo: Boden; K. Sammer; Ganzera, Geyer (ab 58. Helm), Wätzlich, Riedel, Rau, Dörner; Richter, Lichtenberger, Sachse.
Schiedsrichter: Van Gemmert (Niederlande); **Zuschauer:** 35 000 im Dynamo-Stadion; **Torschütze:** Keegan (53.).

1974/75   1. Runde;   18. 9. 74: Randers Freja – Dynamo Dresden 1:1 (0:1)

Dynamo: Boden; Dörner; Weber, Wätzlich; Häfner, K. Sammer, Schade (ab 68. Helm), Kreische; Riedel, Richter (ab 77. Kotte), Heidler.
Schiedsrichter: Matthewson (England); **Zuschauer:** 3 000 im Freja-Sportpark; **Torfolge:** 0:1 Dörner (32.), 1:1 Nielsen (69.).

2. 10. 74: Dynamo Dresden – Randers Freja 0:0
Dynamo: Boden; Lichtenberger; Helm, Wätzlich; Dörner, Weber, Geyer, Kreische; Häfner, Richter, Sachse (ab 66. Riedel).
Schiedsrichter: Foote (Schottland); **Zuschauer:** 14 000 im Dynamo-Stadion.

2. Runde; 23. 10. 74: Dynamo Dresden – Dynamo Moskau 1:0 (1:0)
Dynamo: Boden; Dörner; Helm, Schmuck, Wätzlich; Häfner, Geyer, Kreische; Sachse (ab 78. Riedel), Richter, Kotte.
Schiedsrichter: Stanew (Bulgarien); **Zuschauer:** 10 000 im Dynamo-Stadion; **Torschütze:** Sachse (11.).

6. 11. 74: Dynamo Moskau – Dynamo Dresden 1:0 (1:0, 1:0) n. V., Elfmeterschießen 3:4
Dynamo: Boden; Dörner; Helm, Schmuck, Wätzlich; Häfner, Geyer, Kreische, Kotte, Riedel (ab 114. Sachse), Richter (ab 72. Heidler).
Schiedsrichter: Petri (Ungarn); **Zuschauer:** 10 000 im Dynamo-Stadion; **Torschütze:** Kurnjenin (26.).
Elfmeterschießen: 1:0 Jewrjushichin, 1:1 Wätzlich, 2:1 Jakubik, 2:2 Dörner, 3:2 Machowikow, 3:3 Kreische, Bassalajew – verschossen, Sachse – Latte, Dolmatow – verschossen, 3:4 Kotte.

Achtelfinale; 27. 11. 74: Hamburger SV – Dynamo Dresden 4:1 (4:1)
Dynamo: Boden; Dörner; Helm, Schmuck, Weber; Häfner, Riedel (ab 72. Kreische), Geyer; Heidler, Richter (ab 63. Sachse), Kotte.
Schiedsrichter: Taylor (England); **Zuschauer:** 53 000 im Volksparkstadion; **Torfolge:** 1:0 Björnmose (6.), 2:0 Volkert (11.), 2:1 Schmuck (32.), 3:1 Björnmose (39.), 4:1 Nogly (42.).

11. 12. 74: Dynamo Dresden – Hamburger SV 2:2 (1:2)
Dynamo: Boden; Dörner; Helm, Schmuck, Geyer; Häfner, Riedel, Lichtenberger, Heidler, Richter (ab 46. Kotte), Sachse.
Schiedsrichter: Babacan (Türkei); **Zuschauer:** 32 000 im Dynamo-Stadion; **Torfolge:** 1:0 Dörner (16.), 1:1, 1:2 Bertl (42., 45.), 2:2 Häfner (57.).

1975/76   1. Runde; 17. 9. 75: ASA Tirgu Mures – Dynamo Dresden 2:2 (1:2)
Dynamo: Boden; Dörner; Weber, Schmuck, Wätzlich; Häfner, Kreische, Schade, Riedel, Sachse, Heidler.
Schiedsrichter: Papavasiliou (Griechenland); **Zuschauer:** 20 000 im ASA-Stadion; **Torfolge:** 1:0 Muresan (10.), 1:1 Schade (24.), 1:2 Heidler (27.), 2:2 Fazekas (49.).

1. 10. 75: Dynamo Dresden – ASA Tirgu Mures 4:1 (1:0)
Dynamo: Boden; Dörner; Weber, Schmuck, Wätzlich; Häfner, Schade, Kreische; Riedel, Sachse (ab 67. Kotte), Heidler.
Schiedsrichter: Dudine (Bulgarien); **Zuschauer:** 27 000 im Dynamo-Stadion; **Torfolge:** 1:0, 2:0 Heidler (16., 67.), 2:1 Muresan (76.), 3:1 Heidler (82.), 4:1 Kreische (88.).

2. Runde; 22. 10. 75: Honved Budapest – Dynamo Dresden 2:2 (0:2)
Dynamo: Boden; Dörner; Weber, Schmuck, Wätzlich; Häfner, Schade, Kreische; Riedel (ab 73. Sachse), Kotte, Heidler.
Schiedsrichter: Jursa (ČSSR); **Zuschauer:** 15 000 im Nep-Stadion; **Torfolge:** 0:1, 0:2 Heidler (32., 41.), 1:2, 2:2 Weimper (67., 80.).

5. 11. 75: Dynamo Dresden – Honved Budapest 1:0 (1:0)
Dynamo: Boden; Dörner (58. Feldverweis); Weber, Schmuck, Wätzlich; Häfner, Schade, Kreische, Riedel (ab 65. Lichtenberger), Kotte, Heidler.
Schiedsrichter: Kasakow (UdSSR); **Zuschauer:** 34 000 im Dynamo-Stadion; **Torschütze:** Dörner (25.).

Achtelfinale; 26. 11. 75: Dynamo Dresden – Torpedo Moskau 3:0 (1:0)
Dynamo: Boden; Ganzera; Weber, Schmuck, Wätzlich; Häfner, Schade, Kreische, Riedel; Kotte, Heidler.
Schiedsrichter: Gordon (Schottland); **Zuschauer:** 23 000 im Dynamo-Stadion; **Torfolge:** 1:0, 2:0 Riedel (30., 75.), 3:0 Kreische (89.).

10. 12. 75: Torpedo Moskau – Dynamo Dresden 3:1 (2:0)
Dynamo: Boden; Ganzera; Weber, Schmuck, Schade, Wätzlich; Häfner, Kreische; Riedel, Kotte, Heidler.
Schiedsrichter: van der Kroft (Niederlande); **Zuschauer:** 20 000 im Lok-Stadion von Simferopol; **Torfolge:** 1:0 Degtjarow (17.), 2:0 Petrenko (23.), 2:1 Riedel (70.), 3:1 Degtjarow (82.).

Viertelfinale; 3. 3. 76: Dynamo Dresden – FC Liverpool 0:0
Dynamo: Boden; Ganzera; Schmuck, K. Müller, Häfner, M. Müller, Schade, Riedel; Kotte, Sachse (ab 76. Richter), Heidler.
Schiedsrichter: Delcourt (Belgien); **Zuschauer:** 33 000 im Dynamo-Stadion.

17. 3. 76: FC Liverpool – Dynamo Dresden 2:1 (1:0)
Dynamo: Boden; Ganzera; K. Müller, M. Müller, Schmuck, Weber; Häfner, Kreische; Kotte, Riedel, Heidler.
Schiedsrichter: Wurtz (Frankreich); **Zuschauer:**

39 300 im Stadion an der Anfield Road; **Torfolge:** 1:0 Case (24.), 2:0 Keegan (47.), 2:1 Heidler (63.).

1979/80   1. Runde; 19. 9. 79: Atletico Madrid – Dynamo Dresden 1:2 (0:0)
Dynamo: Jakubowski; Dörner; Helm, Schmuck, M. Müller; Häfner, Schade, Weber; Riedel (ab 64. Döschner), Kotte, Heidler.
Schiedsrichter: Dörflinger (Schweiz); **Zuschauer:** 45 000 im Estadio Vicente Calderon; **Torfolge:** 1:0 Ruben Cano (46.), 1:1 Häfner (57.), 1:2 Weber (84.).

3. 10. 79: Dynamo Dresden – Atletico Madrid 3:0 (2:0)
Dynamo: Jakubowski; Dörner; Helm, Schmuck, M. Müller; Häfner, Schade, Weber; Riedel (ab 73. Heidler), Kotte, Döschner (ab 78. Sachse).
Schiedsrichter: Fredriksson (Schweden); **Zuschauer:** 37 000 im Dynamo-Stadion; **Torfolge:** 1:0 Riedel (21.), 2:0 Ruiz (37., Eigentor), 3:0 Weber (46.).

2. Runde; 24. 10. 79: Dynamo Dresden – VfB Stuttgart 1:1 (1:1)
Dynamo: Jakubowski; Dörner; Helm, Schmuck, M. Müller; Häfner, Schade, Weber; Riedel (ab 56. Döschner), Kotte, Heidler (ab 67. Sachse).
Schiedsrichter: Wöhrer (Österreich); **Zuschauer:** 37 000 im Dynamo-Stadion; **Torfolge:** 1:0 Weber (34.), 1:1 K.-H. Förster (44.).

7. 11. 79: VfB Stuttgart – Dynamo Dresden 0:0
Dynamo: Jakubowski; Dörner; Helm, Schmuck, M. Müller; Weber, Häfner, Schade, Trautmann; Kotte, Döschner.
Schiedsrichter: Partridge (England); **Zuschauer:** 70 000 im Neckar-Stadion.

1980/81   1. Runde; 17. 9. 80: Dynamo Dresden – Napredak Krusevac 1:0 (0:0)
Dynamo: Jakubowski; Dörner; Schmuck, M. Müller; Häfner, Trautmann, Weber, A. Schmidt; Heidler, Kotte, Richter.
Schiedsrichter: Tatar (Rumänien); **Zuschauer:** 17 000 im Dynamo-Stadion; **Torschütze:** Pesterac (67., Eigentor).

1. 10. 80: Napredak Krusevac – Dynamo Dresden 0:1 (0:0)
Dynamo: Jakubowski; Dörner; A. Schmidt, Schmuck, M. Müller; Häfner, Trautmann, Weber; Lippmann (ab 53. Minge), Kotte, Heidler.
Schiedsrichter: Ture (Türkei); **Zuschauer:** 25 000 im Stadion Mladosti; **Torschütze:** M. Müller (83., Handstrafstoß).

2. Runde; 22. 10. 80: FC Twente/Enschede – Dynamo Dresden 1:1 (1:0)
Dynamo: Jakubowski; Dörner; M. Müller, Schmuck, A. Schmidt; Häfner, Trautmann, Weber; Heidler, Kotte, Döschner.
Schiedsrichter: Castillo (Spanien); **Zuschauer:** 20 000 im Sportpark Het Diekmann; **Torfolge:** 1:0 Rohde (41.), 1:1 Heidler (49.).

5. 11. 80: Dynamo Dresden – FC Twente/Enschede 0:0
Dynamo: Jakubowski; Dörner; M. Müller, Schmuck, A. Schmidt; Häfner, Weber, Trautmann; Heidler, Kotte, Döschner.
Schiedsrichter: R. Eriksson (Schweden); **Zuschauer:** 35 000 im Dynamo-Stadion.

Achtelfinale; 26. 11. 80: Standard Lüttich – Dynamo Dresden 1:1 (0:1)
Dynamo: Jakubowski; Dörner; M. Müller, Schmuck, A. Schmidt; Häfner, Weber, Trautmann; Heidler, Kotte, Döschner.
Schiedsrichter: Michelotti (Italien); **Zuschauer:** 30 000 im Stadion Sclessin; **Torfolge:** 0:1 Heidler (36.), 1:1 Plessers (88.).

10. 12. 80: Dynamo Dresden – Standard Lüttich 1:4 (0:2)
Dynamo: Jakubowski; Dörner; Schmuck, A. Schmidt; M. Müller, Häfner, Weber (ab 80. Lippmann), Trautmann; Heidler (ab 46. Minge), Kotte, Döschner.
Schiedsrichter: Corver (Niederlande); **Zuschauer:** 35 000 im Dynamo-Stadion; **Torfolge:** 0:1, 0:2, 0:3 Sigurvinsson (17., 40., 55.), 0:4 Tahamata (76.), 1:4 Döschner (80.).

1981/82   1. Runde; 16. 9. 81: Zenit Leningrad – Dynamo Dresden 1:2 (1:2)
Dynamo: Jakubowski; Dörner; Helm, Schmuck, Malzahn; Schuster, Schade, Trautmann; Heidler, Minge, Döschner (ab 88. Schülbe).
Schiedsrichter: Mattson (Finnland); **Zuschauer:** 45 000 im Kirow-Stadion; **Torfolge:** 1:0 Sheludkow (14.), 1:1 Dörner (32.), 1:2 Heidler (37.).

30. 9. 81: Dynamo Dresden – Zenit Leningrad 4:1 (2:1)
Dynamo: Jakubowski; Dörner; Mittag, Schmuck, Helm; Schuster, Schade, Trautmann; Heidler (ab 74. Schülbe), Minge, Döschner (ab 79. Gütschow).
Schiedsrichter: Tzontschew (Bulgarien); **Zuschauer:** 17 000 im Dynamo-Stadion; **Torfolge:** 1:0 Trautmann (8.), 2:0 Schmuck (13.), 2:1 Kasatschenok (38., Foulstrafstoß), 3:1 Minge (49.), 4:1 Heidler (71., Foulstrafstoß).

2. Runde; 21. 10. 81: Feyenoord Rotterdam – Dynamo Dresden 2:1 (0:1)
Dynamo: Jakubowski; Dörner; Helm, Schmuck, Mittag; Schuster, Schade, Heidler, Trautmann; Minge (ab 81. Gütschow), Döschner.
Schiedsrichter: Thomas (Wales); **Zuschauer:** 15 000 im Kuip; **Torfolge:** 0:1 Heidler (41.), 1:1 Kaczor (55.), 2:1 Vermeulen (71.).

4. 11. 81: Dynamo Dresden – Feyenoord Rotterdam 1:1 (0:0)

Dynamo: Jakubowski; Dörner; Helm, Schmuck, Mittag; Schuster, Schade, Trautmann; Heidler (ab 70. Gütschow), Minge (ab 77. Lippmann), Döschner.
Schiedsrichter: Courtney (England); **Zuschauer:** 33 000 im Dynamo-Stadion; **Torfolge:** 1:0 Lippmann (85.), 1:1 Balkestein (90.).

Die Plazierungen in der Meisterschaft und die Stammformation

1962/63: 13. Platz und Absteiger – 36:45 Tore / 22:30 Punkte
Noske; Wühn, Haustein, Prautzsch; Oeser, Hofmann; Ziegler, Pahlitzsch, Legler, Siede, Gumz.

1964/65: 10. Platz – 34:38 Tore / 23:29 Punkte
Noske; Haustein, Pfeifer, Prautzsch; Oeser, Hofmann; Ziegler, Hemp, Engelmohr, Siede, Gumz.

1965/66: 5. Platz – 34:31 Tore / 28:24 Punkte
Noske; Haustein, Pfeifer, Prautzsch; Oeser, Hofmann; Ziegler, K. Sammer, Engels, Kreische, Gumz.

1966/67: 4. Platz – 35:31 Tore / 27:25 Punkte
Kallenbach; Engelmohr (Prautzsch), K. Sammer, Pfeifer, Haustein; Walter, Hofmann; Engels, Ziegler, Kreische, Gumz.

1967/68: 13. Platz und Absteiger – 25:33 Tore / 21:31 Punkte
Kallenbach; Haustein, K. Sammer, Pfeifer, Wätzlich; Ziegler, Hofmann, Walter (Riedel), Hemp, Kreische, Gumz.

1969/70: 3. Platz – 36:26 Tore / 31:21 Punkte
Meyer; Ziegler, Haustein (Wätzlich), K. Sammer, Ganzera; Dörner, Hemp, Kreische; Riedel, Rau (Gumz), Heidler.

1970/71: Meister – 56:29 Tore / 39:13 Punkte
Kallenbach; Ziegler, K. Sammer, Ganzera, Haustein; Hemp, Kreische, Dörner; Heidler (Riedel), Sachse, Richter.

1971/72: 3. Platz – 59:30 Tore / 33:19 Punkte
Kallenbach; Geyer, Ganzera, K. Sammer, Wätzlich; Häfner, Dörner, Kreische; Heidler, Richter (Rau), Sachse.

1972/73: Meister – 61:30 Tore / 42:10 Punkte
Boden; Dörner (Geyer); Ganzera, K. Sammer, Wätzlich, Rau, Häfner, Kreische; Riedel, Richter, Heidler (Sachse).

1973/74: 3. Platz – 55:40 Tore / 35:17 Punkte
Boden; Dörner; Helm, Schmuck (Geyer), Wätzlich; Schade, Häfner, Ganzera; Heidler, Riedel, Kotte.

1974/75: 3. Platz – 42:30 Tore / 32:20 Punkte
Boden; Dörner; Helm, Schmuck, Wätzlich; Häfner, Weber, Heidler; Riedel, Kotte, Sachse.

1975/76: Meister – 70:23 Tore / 43:9 Punkte
Boden; Dörner; Weber, Schmuck, K. Müller; Häfner, Schade, Kreische; Riedel, Kotte (Sachse), Heidler.

1976/77: Meister – 66:27 Tore / 38:14 Punkte
Boden; Dörner; Helm, Schmuck, K. Müller (Weber); Häfner, Schade, Kreische; Riedel (M. Müller), Sachse (Kotte), Heidler.

1977/78: Meister – 70:25 Tore / 41:11 Punkte
Jakubowski; Dörner; Helm, Schmuck, K. Müller; Häfner, Weber, Schade; Riedel, Kotte, Sachse (Heidler).

1978/79: 2. Platz – 59:19 Tore / 39:13 Punkte
Boden (Jakubowski); Dörner; Helm, Schmuck, Weber; Häfner, Schade, Trautmann; Riedel, Kotte (Sachse), Heidler.

1979/80: 2. Platz – 65:22 Tore / 42:10 Punkte
Jakubowski; Dörner; Helm, Schmuck, M. Müller; Häfner, Trautmann (Schade), Weber; Heidler, Kotte, Döschner.

1980/81: 4. Platz – 49:37 Tore / 34:18 Punkte
Jakubowski; Dörner; Schuster, Schmuck, A. Schmidt; Häfner, Trautmann, Petersohn; Heidler, Minge, Döschner (Lippmann).

1981/82: 2. Platz – 50:24 Tore / 34:18 Punkte
Jakubowski; Dörner; Mittag (Helm), Schmuck, Döschner; Schuster, Schade, Trautmann; Schülbe, Minge, Gütschow (Heidler).

1982/83: 7. Platz – 51:43 Tore / 29:23 Punkte
Klimpel; Dörner; Mittag, Trautmann, Schuster; Pilz, Häfner (Schade), Döschner; Schülbe, Minge, Gütschow.

1983/84: 2. Platz – 61:28 Tore / 37:15 Punkte
Jakubowski; Dörner; Trautmann, Schmuck, Döschner (Schuster); Häfner, Pilz, Stübner; Schülbe, Minge, Gütschow.

1984/85: 2. Platz – 69:34 Tore / 38:14 Punkte
Jakubowski; Dörner; Schuster, Trautmann, Döschner; Häfner, Minge (Pilz), Stübner; Kirsten, Gütschow, Lippmann.

1985/86: 6. Platz – 40:39 Tore / 28:24 Punkte
Jakubowski; Dörner; Büttner, Trautmann, Döschner; Häfner, Pilz, Minge, Stübner; Kirsten, M. Sammer.

1986/87: 2. Platz – 52:24 Tore / 36:16 Punkte
Teuber; Lieberam; Büttner, Trautmann (Wude), Döschner; Häfner, Stübner, Pilz; Kirsten, Minge, M. Sammer.

Die Trainer

1958-66/67	Helmut Petzold
67/68	Manfred Fuchs/Kurt Kresse
68/69	Kurt Kresse
69/70-77/78	Walter Fritzsch
78/79-82/83	Gerhard Prautzsch
83/84-85/86	Klaus Sammer
ab 86/87	Eduard Geyer